© L'Harmattan, 2010
5-7, rue de l'Ecole polytechnique, 75005 Paris

http://www.librairieharmattan.com
diffusion.harmattan@wanadoo.fr
harmattan1@wanadoo.fr

ISBN : 978-2-296-13783-7
EAN : 9782296137837

Tenez-vous droit et fixez l'objectif

Du même auteur

Nouvelles

Derrière les Vagues, dans le recueil *Dernières Nouvelles du Berry*, L'Harmattan, Paris, 2007

Perrine Andrieux

Tenez-vous droit et fixez l'objectif

Roman

L'Harmattan

La vie c'est comme les cafards ;
croustillant en dehors et amer en dedans.

Première partie

I

Tout commença par un sourire et une poignée de main. « Bonjour monsieur, asseyez-vous. Qu'est-ce qui vous amène ? »

Le médecin était jeune et assez laid, avec des cheveux si raides qu'on aurait juré de la paille et de longues pattes comme ça n'était plus la mode depuis l'adolescence de mes aïeuls. Je lui expliquai ma petite forme, mon mal de dos, mon mal de ventre. Sur le bureau, on pouvait voir la photo d'une femme assortie au docteur. Sur le mur, un dessin d'enfant ; c'était le seul détail un peu joli de l'ensemble de la pièce. Je conclus par : « Finalement, je ne sais pas du tout ce que ça peut être. »

Ce fut à : « Il y a du sang quand je fais pipi » que le docteur fronça les sourcils. Il me fit déshabiller et je m'allongeai, nu comme un ver qui aurait gardé ses chaussettes et son caleçon, sur la fameuse chaise longue recouverte d'un papier si fin qu'il énerve tout le monde quand il se déchire. « Voyons ça d'un peu plus près ». Le docteur me toucha de partout. J'attendis avec patience qu'il diagnostiquât le mal qui était sans doute en train de me ronger.

Je me mis à l'imaginer avec sa femme, son gamin et les détails ordinaires des univers familiaux, notamment un animal de compagnie avec un nom Ridicule puisque c'était l'année des R. Je les voyais tous les quatre dans ma tête, au salon, en train de lire l'intégrale des bouquins d'Harry Potter le gentil sorcier, Ratatouille sur l'épaule de l'homme qui était en train de me toucher le corps avec un mélange de vivacité et de minutie.

Comme je l'imaginais bien… assis proprement sur un canapé aux motifs laids, avec une plante verte laide quoiqu'en pleine santé et son fils en train de manger un Kinder dans un bruit infernal, le gentil Ratafia lové à ses pieds. Une famille d'êtres gentils, qui accordaient peu d'importance au paraître mais beaucoup d'importance à l'amour et à la propreté. Oui, j'étais sûr que le Dr. Durance et sa femme triaient leurs déchets et se chauffaient au bois. J'étais sûr qu'ils laissaient enfoncée la touche Eco de leur lave-linge et que la nuit, avant de se coucher, ils vérifiaient que tous leurs appareils électriques et électroniques étaient bien éteints ; pas en veille, il faut bien les éteindre sinon c'est tricher.

Le docteur continuait à me palper. Je couinai légèrement quand il me tâta le ventre. Depuis quelques temps j'avais mal aux abdos, ou à l'abdomen, je ne sais pas faire la différence.

- « Depuis combien de temps ?
- Je ne sais pas exactement.
- Très mal ?
- Assez oui, mais je pense que c'est le stress. Enfin, j'en sais rien. »

Je couinai à nouveau et j'eus une petite toux quand il m'enfonça un bâtonnet de glace au fond de la gorge. « C'est bon, vous pouvez vous rhabiller ». Son air stoïque me rassura et je m'empressai de remettre mon gros pull sur le t-shirt Caisse d'Épargne que j'avais eu de ma belle-mère ; je me surpris à en vouloir au docteur d'avoir des vêtements bien moins publicitaires que les miens. Ça n'était tout de même pas de ma faute si ma belle-mère travaillait à la Caisse d'Épargne ! Et puis, on avait des avantages !

S'ensuivit une série de questions sur ma vie, mon passé, et celui de mes parents.

- « Y a-t-il une personne dans votre entourage qui est atteinte de la maladie de Creutzfeldt-Jacob ?
- Non.
- Vous êtes sûr ?
- Oui.
- Sûr sûr ?
- …oui oui ? »

Mon généraliste et son physique caricatural… j'avais l'impression d'être la victime d'un interrogatoire comme dans les films où le héros est suspecté de meurtre par la police de Miami ; alors que ce n'est pas lui, le meurtrier, c'est évidemment le mexicain qui vend de la drogue pour payer les frais de scolarité des six enfants qu'il a eu à droite et à gauche avec de nombreuses femmes, dont la californienne riche et indépendante qu'il a tuée par amour, jalousie et nécessité financière.

Les questions devenaient de plus en plus personnelles et finalement, comme je n'avais aucun antécédent familial, que je menais une vie saine pleine de calme et de marchés bios – ce qui le fit acquiescer de jubilation – et que je ne faisais l'amour qu'à ma femme, il jugea bon de me faire passer des examens. Je demandai :

- « Comment ? Enfin, mais pourquoi ? Vous pensez qu'il y a vraiment un problème ?

- Non, on va vérifier, voilà tout.
- Mais, je veux dire, c'est nécessaire ? Pourquoi vous voulez que je passe des examens ?
- Parce que vous fumez. »

Alors je rentrai chez moi, en roulant prudemment parce que je suis un homme bon. Et puis je passai par le bar-tabac du centre-ville, pour acheter des cigarettes et vérifier si des fois je n'avais pas gagné la super cagnotte de 120 millions d'euros.

Je n'avais pas gagné.

C'était à se demander qui pouvait bien gagner ce genre de jeu et tourner ensuite le globe pour désigner l'endroit de ses prochaines vacances avec sa femme, la pauvre Lucette.

Je pris un air déçu, pour faire comme tout le monde, ou plutôt comme les deux ou trois ratés du quartier qui fumaient au bar en tenant un verre de bière et des discussions navrantes. « Et dire que bientôt on pourra plus fumer ici », « ah ! tous des cons ! », « on n'a plus de liberté en France, y a pu qu'à partir et puis c'est tout, les arabes y nous doivent bien ssa. »

Dans le hall de mon immeuble, je croisai le vieillard du quatrième qui partait acheter une baguette de pain et une petite fouace ; il faut bien se faire plaisir. Il se courbait de plus en plus et on pouvait presque voir la mort s'approcher sournoisement et lui gratter la bosse avec sa faux. Cet homme était sans doute le plus gentil que la Seconde Guerre eût connu. Il était tellement vieux que j'avais du mal à y croire mais je l'aimais bien, même si on ne s'était jamais entendus sur autre chose que des formules de politesse.

Ma femme avait l'habitude d'être belle. Elle sortait de l'école vers cinq heures, après avoir rendu ses écoliers à leurs parents, et elle rentrait chez nous. C'était une maîtresse d'école adorable et adorée, du genre qui apprend beaucoup de choses et qui n'a pas besoin de mettre de punition, ce qui était rare à cette époque où Wikipédia et Google remplaçaient respectivement les exposés d'Histoire et les cerveaux. Les réunions de parents d'élèves se transformaient en chorale de Noël où l'on chantait les louanges de ma femme. J'étais fier comme un bar-tabac, voire comme Artaban, et je me targuais de la savoir porter mon nom ; on se flatte comme on peut.

J'étais amoureux de la tête aux pieds. J'aurais fait n'importe quoi pour elle et j'avais déjà fait n'importe quoi quand il avait fallu la séduire, au moment où l'on doit être spirituel et malin ; il y avait de ça à peine plus d'une demi-douzaine d'années mais ça me semblait une éternité dans la mesure où je ne me souvenais plus de comment j'avais été avant elle. Elle était magique, j'avais été ensorcelé et au lieu de m'en plaindre, je rendais grâce à sa mère, chaque matin, d'avoir réussi à couver la huitième merveille du monde avec autant de justesse.

Nous étions un couple ordinaire de catégorie B. La catégorie A comprend les couples qui croient s'aimer : ils sont des leurres plus vrais que nature, ils s'appâtent mutuellement et une fois que l'hameçon a transpercé la nageoire, c'est cuit, ils restent comme ça jusqu'à leur mort. Les leurres restent attachés l'un à l'autre sans savoir pourquoi, alors ils font du mieux qu'ils peuvent et finissent par trouver leur compte dans les écailles en plastique de l'autre. Ils sont heureux, dans la mesure du raisonnable, jusqu'à ce que l'un des deux se décroche, et alors celui qui reste pleure toutes les larmes de ses grands yeux de petit leurre.

Dans la catégorie B, il y a tous les couples qui s'aiment et qui le savent parce que ça fait boum boum. Nous, ça faisait boum boum à l'intérieur du cœur, du ventre, des genoux, ou encore au fond des yeux ; ça dépendait des jours, il y avait des hauts et des bas, c'est normal. Avec ma femme, on était dans cette catégorie. Malgré la vie en couple, j'avais encore la boule au ventre quand je la prenais dans mes bras. J'étais heureux et j'étais fou d'elle. Et pour ne rien vous cacher, je la voyais souvent, une fraction de seconde, sur les visages des autres femmes.

C'était vraiment l'amour, je sais que nous n'étions pas des leurres. Je l'aimais et elle me le rendait bien. C'était mon premier love comme le chantait Tony Parker, célébrité du basket-ball et du rap franco-américain, qui avait la french touch dans son costume De Fursac quand il se balançait de gauche à droite en faisant des high five aux gamins qui venaient se faire dédicacer un album de la TP Family. Ma femme et moi, nous avions « le style qui fait mal ».

Pourtant, j'avais raté la demande en mariage. J'avais voulu faire quelque chose de drôle et puis, le stress, allez savoir… elle avait dit oui mais si j'avais été une femme, je me serais dit non. Dans un excès d'incompétence, j'avais réussi à renverser mon verre de vin au prix exorbitant et à me couper le doigt. Le serveur, aussi gai que gay, s'était exclamé d'une voix horrifiée : « Oooh mon Dieu !! »

Il avait ensuite ajouté : « Je vais vous chercher un pansement surtout ne bougez pas ! ». Ma future avait ri, charmante, posée. Et puis, je lui demandai : « Enfin, bref, tu veux m'épouser ? »… quel minable. Ma nullité avait brillé de toute sa superbe. Mais elle avait dit oui. Je n'avais pas de bague. Je n'en avais pas acheté parce que les femmes sont difficiles. Pour ne pas la vexer, j'avais dit :

- « Je connais pas la grosseur de ton doigt, c'est pour ça.
- La grosseur ?
- Non... pardon, je suis un minable. »

A ce moment là, je fis tomber un bout de viande sous la chaise de la vieille dame d'à côté. Ma victime eut l'air plus estomaquée par sa purée à la truffe que par le dé d'agneau intrépide qui avait décidé de faire cavalier seul. Personne ne remarqua l'affaire et je me demande encore ce qui advint du bout de viande le plus courageux de la Terre ; le savoir jeté dans une poubelle après le ménage quotidien me laisse dubitatif. J'ai comme la sensation qu'il a réussi à faire quelque chose de grand – à une échelle adaptée évidemment.

Mais peu importe, sur le coup j'eus envie de me tuer. Ma future rit encore, comme la maîtresse d'école qu'elle était et à qui les enfants offraient des vérités mirobolantes comme « l'eau change de bruit selon la hauteur du verre » ou « le porc s'appelle le cochon parce qu'il est dégueulasse ». Elle était habituée à ce genre de maladresse puérile, j'hésitai d'ailleurs à me dire que c'était bon pour ma cote auprès d'elle ; elle me comparait parfois à ses élèves et souriait dans la barbe qu'elle n'avait pas. Je pense aujourd'hui que c'était bon pour ma cote.

Enfin, cinq mois plus tard, la robe blanche, les invités, j'étais prêt à l'aimer dans la joie et dans la douleur jusqu'à ce que la mort eût l'audace de nous séparer. Elle aussi, ça tombait bien. Il y avait peu de monde mais beaucoup de vieux. Il fallait me voir au moment des danses, à faire virevolter les aïeules de son côté de la famille ; elles tournoyaient à mon bras, le sourire aux lèvres, l'expression me remerciant de leur redonner un peu des sensations qu'elles avaient perdues depuis des années-lumière.

Nous étions mariés depuis trois ans quand je commençai à trouver du sang dans mes urines. Je lui en parlai comme d'un rhume et ce fut elle qui insista pour prendre rendez-vous chez un médecin. Je pensais, pour ma part, qu'un petit vaisseau avait dû se rompre à l'intérieur de mon pénis et qu'en urinant, enfin, peut-être, je ne savais pas. Il était de toute façon trop tard pour l'argumentaire, ma femme avait pris rendez-vous chez l'affreux docteur aux longues pattes. Elle me somma de m'y rendre, dans une grosse voix grave qui ne l'aida pas à être crédible.

Je pris mes clés et mon courage à deux mains ; je faisais l'homme mais aujourd'hui je peux dire que j'étais inquiet. Dans la voiture, j'allumai le lecteur de CD et tombai sur un best of de Michel Berger, un vrai chanteur, un grand homme, parti trop tôt, et j'angoissai comme un âne.

Sur le bord de la route, un vieillard faisait mine de n'attendre rien du tout. Il était là, assis sur un banc écaillé, il souriait comme le béat du village – celui qui ne sait rien faire mais que tout le monde aime bien. On aurait dit qu'il ne voulait pas rentrer chez lui pour échapper à son épouse ou, plus triste, à son absence. Ce banc devait être un ami de longue date. Peut-être étais-je en train de vieillir avant l'heure, le sang dans les urines, peut-être les vieux l'ont-ils aussi.

Je croisai le regard du vieillard et en profitai pour brûler un feu rouge sans m'en rendre compte. Derrière moi, une voiture de police relativement occupée à compter les papillons démarra à toute berzingue pour aller sauver la veuve et l'orphelin. Elle n'avait pas vu que j'avais enfreint la loi. « Encore une victoire sur le pouvoir en place » pensais-je pour illustrer la rébellion que je ne ressentais pas mais qui me permettait de briller dans les soirées de Comité d'Entreprise.

Je mis la radio. C'était une publicité et je ne compris pas le produit qu'elle tentait de vendre. Ce devait être le stress, mon cerveau s'était mis en veille. A moins que ce ne soit le cruel manque d'imagination des publicitaires ; au vu de leur salaire, ils pourraient au moins être créatifs. J'éteignis le tout, faillis renverser une jeune maman et sa poussette avant de me garer comme un manche devant le cabinet de médecine générale du Dr. P. Durance.

J'essayai de prendre une démarche assurée mais je transpirais des mains et j'avais peur de sentir des pieds. Lorsque je fus nu sur la chaise, à me faire tâter de bas en haut, je constatai que je ne sentais pas des pieds – pour les mains, en revanche, c'était râpé.

En rentrant chez moi, j'expliquai au sourire de ma femme que je devais passer des examens. Elle eut une moue de désapprobation.

- « C'est parce que je fume, il paraît.
- Je t'avais dit d'arrêter.
- Mais c'est rien, faut pas s'inquiéter.
- Non mais c'est toujours pareil avec toi. Il faut jamais s'inquiéter, c'est à croire que tu le fais exprès. Pourquoi tu crois qu'il y a autant de gens qui meurent parce qu'ils fument ?

- Ça va.
- Je passe mon temps à te dire que c'est de la merde et comme par hasard, là, faut faire des examens parce que tu fumes.
- T'inquiète pas. »

J'avais eu peur en allant chez mon médecin mais il m'avait rassuré. Le soulagement ressenti était comparable à un mini orgasme tant j'avais eu la frousse. Je m'attendais au pire, comme une maladie qui aurait touché mon pipi et qui allait remonter tout mon corps en un rien de temps pour m'envoyer sous terre et faire triompher le mal sur le bien. Les bactéries m'auraient mangé tout cru et je n'aurais pas eu d'autre choix que de passer l'arme à gauche.

Après une incinération rapide et larmoyante, on se serait retrouvé, mes bactéries et moi, dans une petite boîte qu'on aurait déposée parmi un tas d'autres petites boîtes sur un bout de verdure appelé « le Jardin du Souvenir ». Là, mes proches seraient venus déposer des gerbes de fleurs, en prenant le temps de ne pas confondre ma boîte avec celle de quelqu'un d'autre pour ne pas me vexer. Nous serions tous morts, mais on n'aurait mélangé ni nos cendres, ni nos fleurs ; c'eût été obscène. Surtout, je n'aurais pas voulu donner mes bactéries à mon voisin de boîte, je n'étais pas un gros sale.

Mais je n'avais probablement rien, je sentais désormais que mon corps n'allait pas me lâcher. J'étais fort, j'étais surhumain. Tout au plus avais-je une petite infection. Voilà, c'était sans doute une petite infection urinaire que j'avais attrapée en allant aux toilettes à l'aéroport de London Stansted, lors de mon dernier voyage d'affaires. Je savais qu'elles étaient sales, ces toilettes. Les rosbifs ne perdaient vraiment pas une occasion de priver la France de ses bons éléments ; Jeanne d'Arc, et maintenant moi. J'enlevai mes chaussures en pestant contre Gordon Brown et Victoria Beckham.

 Mon téléphone prit rendez-vous chez le spécialiste indiqué par P. Durance. J'entendis une voix de secrétaire chaude et suave ; j'eus un autre mini orgasme. Le soir, nous regardâmes la très belle correction mise par les néo-zélandais au Quinze de France. Des joueurs et des commentateurs à la pointe des arts du spectacle, un beau jeu, un très bon moment.

 Ma femme eut un frisson de compassion pour Sébastien Chabal qui était quand même « le plus fort de tous les joueurs de rugby du monde » selon un classement qu'elle avait fait elle-même et qui se basait sur sa propre connaissance du rugby. Bon…

De l'affreux docteur aux cheveux de paille, je passai à une spécialiste mignonne au pull à col V très profond. Elle était un peu trop maquillée et sa voix de crécelle n'arrangeait rien. Je m'assis et sortis ma Carte Vitale. Les quatre épingles qui tiraient la spécialiste me rappelaient quelque chose mais mes pensées n'aboutissaient pas ; j'étais sans cesse distrait par l'assistant de radiologie/scanographie qui lui lançait des regards véritablement fougueux mais relativement peu érotiques.

 A qui pensais-je ? C'était quelqu'un de propret, de maquillé, constamment sur son trente et un… et l'autre assistant qui me distrayait. Ça n'était pas permis, quand même, d'être transi d'amour pour une crécelle pareille... à moins qu'elle n'eût des talents enfouis que la langueur de l'homme tentait de mettre au jour. Je les laissai à leurs lancés de regards, j'étais prêt à faire le ver sur ma chaise longue. Mais en fait de chaise longue, j'eus droit à une boîte cylindrique blanche comme la mort dans laquelle on me fit passer en me disant : « Surtout, restez calme ». On ne me tâta même pas et je me demandai comment ils allaient faire pour me diagnostiquer s'ils ne me tâtaient pas.

- Vous ne me touchez pas ?
- Je vous demande pardon ?
- Bah oui, là, le ventre, vous tâtez pas ? Et si j'ai un truc, une boule ou un kyste, comment vous allez faire pour le savoir ? »

La spécialiste me regardait, effarée. J'avais dû mal m'exprimer. Je décidai de me taire et de laisser faire la science, sous le regard méfiant de l'assistant qui devait penser, sans doute, que j'avais des vues sur sa crécelle. Comme si on ne pouvait pas demander à un docteur de toucher son patient ! C'était la meilleure !

Ensuite, on me laissa partir avec, pour seule réponse, une phrase neutre et une poignée de main douce :

- « Nous vous enverrons les résultats à votre domicile.
- Ah, mais dans combien de temps ?
- Dans peu de temps.
- Mais à peu près, combien de temps ? »

L'assistant ferma la porte comme un malpoli et je me sentis trahi par tous mes anciens professeurs qui se frottaient de plaisir devant la précision de la science. La science n'avait pas été précise avec moi, ou était-ce l'assistant qui avait voulu me punir d'avoir demandé à son amour caché de me palper les kystes ?

Je rentrai chez moi en pensant à ma misérable et fatale condition d'être humain et conclus que j'aurais préféré être un demi-dieu grec. Ma femme m'ouvrit la porte dans sa beauté merveilleuse et, comme il n'était ni l'heure de déjeuner, ni l'heure de dîner, j'eus droit à un petit goûter préparé avec amour. Tous les croissants y passèrent et ne firent pas leurs malins. Ah, qu'il était bon de ne pas être une femme !

- « Comment ça s'est passé ?
- Très bien.
- T'as eu un gentil docteur ?
- Oui, une, très jolie.
- Ah bon ?
- Oui, elle m'a demandé mon numéro de portable. Elle a dit qu'elle me trouvait mignon.
- ...ah bon ?
- Oui. Du coup, je le lui ai donné.
- Mais... »

Je souhaite à tout le monde de trouver une moitié aussi crédule qu'amoureuse.

- « Je plaisante. Elle avait une voix horrible. Un genre de hééé gnééé !
- ...comment ?
- Gnaaa ! Gnéééé ! »

Les sons qui sortirent de ma bouche étaient laids, mais différents de ceux que je voulais sortir. Il me fallait changer de sujet si je ne voulais pas perdre ma femme.

- « Tu sais ma chérie, j'ai pensé, pour tes vingt-sept ans on va faire une grande fête. Avec la famille de ton côté.
- Ici ?
- Bah oui, c'est grand.
- Bon, d'accord.
- Par contre, on n'est pas obligé de mettre des décorations minables.
- Hmmm... on pourra quand même avoir des guirlandes de fleurs ?
- Mais, ma chérie...tu ne veux quand même pas un anniversaire comme les vingt-quatre ans de ta cousine ?
- ...?
- Tu te rappelles pas ? Le bal masqué ? Les femmes habillées en camionneurs et les hommes habillés en catins ?
- Ah ! Je m'en souviens !
- Bien.
- ...mais les guirlandes de fleurs, quand même, j'aime bien.
- Allez d'accord.
- Ouais ! »

Ce « ouais » était comme le cri d'un gamin à qui on vient d'offrir le Méga Lego Constructor Super Cool City 3000 avec les voitures volantes et les bonshommes en combinaison spatiale. Avec ce « ouais », ma femme avait perdu quinze ans. J'hésitai à en rire mais elle dut voir la lueur dans mes yeux. C'est-à-dire qu'elle trouvait que j'avais une lueur dans les yeux quand je m'apprêtais à rire. Pour contre-attaquer, elle se racla la gorge et reprit sa voix et son âge véritables :

- « On pourrait aussi inviter ton père.
- Oh non...
- Pourquoi ?
- Parce que c'est la barbe.
- Il est gentil.
- C'est la barbe, il va passer la soirée à raconter ses mensonges d'histoires de guerre...
- Mais ça lui fera plaisir. Et puis, un coup de gnôle et on le couche. »

Mon père était effectivement ce qu'on pouvait appeler un original. Il passait son temps à mentir et à tousser. C'était les seules choses qu'il savait encore faire sans avoir besoin d'aide. Il mentait sur tout et n'importe quoi. Déjà, il ne se faisait pas appeler par son vrai prénom. Il disait que ça faisait mieux et que pour son travail, ses fréquentations, il lui fallait un prénom adéquat. Mon père était donc un baroudeur, du moins il l'avait été, avant que cette saloperie de guerre d'Algérie lui transperce la hanche, parfois c'était la jambe, parfois c'était un incendie.

Auprès de ma sœur et moi, il se faisait passer pour le plus grand truand que la Terre ait porté en son sein. Il disait qu'il était le fils de personne, qu'il avait grandi dans un trou perdu du Niger, ou du Sénégal, au milieu de la cambrousse et avec des zoulous. Mais parfois il disait aussi qu'il avait été un bon copain des Massaïs à qui il avait vendu des griffes de tigres. Des griffes de tigres... j'avais cessé de croire à ses mensonges à partir de mon onzième anniversaire et depuis mon mariage, je ne l'invitais plus chez moi comme un fils doit inviter son père. Ses discours m'ennuyaient et j'avais toujours des relents d'écœurement quand ma femme l'invitait chez nous, comme si j'avais trop mangé de quelque chose.

Malgré tout, il était gentil et c'était vrai qu'après un coup de gnôle, on n'avait aucun mal à le coucher. Ma femme et moi nous raccrochions à ces deux choses-là, la gentillesse et la gnôle, on s'en accommodait tant bien que mal. Il n'y avait jamais de repas de famille de mon côté, mais nous voyions mon père toutes les morts d'évêques, par obligation morale : déjà parce que la famille a quelque chose de sacré et surtout parce que c'est triste, un évêque qui canne.

Plusieurs semaines passèrent sans nouvelle de la jolie spécialiste. Je me souviens que ma femme était assez anxieuse. Je continuais à travailler et à trouver du sang dans mes urines. La journée, ça commençait à me faire vraiment mal mais quand le chef m'invitait au restaurant, il fallait dire oui et bien manger, bien boire, bien faire semblant de rire à ses blagues. Parce que mon chef m'aimait bien et qu'il devait changer de poste. J'étais pressenti pour la relève. Un poste de directeur d'usine où on gagne suffisamment d'euros mensuels pour interdire à son foyer les omelettes de restes. Un beau travail, en somme, alors je laissais mon mal à l'abdomen dans mon abdomen.

Je fus assez surpris de constater que ma vie privée intéressait mon chef autant que mes efforts au travail. C'étaient des questions tout à fait inconvenables, pires que celles du docteur Durance, mais je ne pouvais que répondre et sourire comme un commercial de chez Darty. Il voulait tout savoir, quel sport je pratiquais, ah c'était bien, si je comptais vivre vieux, comme tout le monde mais on allait mourir hein il fallait s'y faire, si ma femme était belle, encore qu'il eût dit bonne si… j'étais vexé ? Non, et c'est ça qu'il aimait chez moi, c'est qu'on se foutait de la bienséance.

A chaque fois qu'il parlait de ma femme, j'étais prêt à le provoquer dans un duel au sang mais il gagnait plus d'argent que moi et j'aspirais à suivre ses traces, tel le mollusque dans le sillon du paquebot. Alors je riais en suintant l'intelligence et j'arrivais à me convaincre que c'était drôle pour de vrai. C'était comme ça, j'étais ambitieux au point de me sentir à l'aise dans mon rôle de suce-cul.

Ce fut à cette période-là que ma sœur réapparut. Elle était partie voir le monde et je n'avais eus que de rares nouvelles éparses et floues. J'avais reçu, bien sûr, quelques cartes postales : abîmées, cornées, elles portaient toujours les cicatrices de leur pays d'origine. Du Sahara, la carte m'était arrivée pleine de sable ; du Pérou, elle sentait la chèvre ou je ne sais quel autre animal à toison. Ma préférée restait l'australienne sur laquelle un bébé kangourou, dont la tête dépassait à peine de la mastothèque de sa mère, disait : « J'reste au chaud », enfin en anglais... hot gnagna... bref.

Un samedi matin le téléphone sonna et ma femme, après avoir crié comme une groupie, ri comme une adolescente, et bien raccroché sans me passer le combiné, s'exclama : « Ta sœur est rentrée en France ! Elle vient nous voir le week-end prochain ! »

Le week-end d'après, ma sœur était là, maigre comme un chat et gaie comme un pinson. Elle commença par un discours ordinaire, un an et demi, elle n'arrivait pas à y croire, nous n'avions pas changé, et ici, c'était bien décoré, et papa il allait bien ? Et puis, le vrai récit commença, la partie intéressante, pleine de mésaventures. Elle parla toute la journée et je crus que j'allais me rouler par terre en me tenant les côtes pour finalement mourir de rire.

Ma sœur était drôle. C'était le genre de personne à être drôle dans sa vie mais incapable de raconter une blague parce qu'elle en oubliait la chute. Elle était douée en blagues Carambar, en revanche, mais ça ne faisait rire personne.

« Eh Papa ! Tu connais pas la dernière ? C'est moi !! »

D'accord...

Mais ce jour-là, pas une seule blague de Toto. Elle nous raconta son voyage immense et elle non plus, elle n'avait pas changé. C'étaient les mêmes gestes, le même rire, le même vocabulaire de gamine, et à vingt-trois ans elle en paraissait douze. Un corps de danseuse classique, pas de graisse, pas de forme, un cou de girafe et un visage rigolo, ni joli, ni moche, un visage qui sourit tout le temps. Quand on était petits, c'était

Mme Risette. Moi... ah moi, j'étais le tigre de combat de Musclor. Je me prenais vraiment pour un tigre, mais qui êtes-vous pour juger.

Je revis ma sœur souvent au cours des deux semaines qui suivirent. On déjeunait parfois ensemble – quand j'avais le temps, entre deux réunions. Elle avait la délicatesse de ne pas me demander de nouvelles de mes examens ; ma femme l'avait prévenue, au téléphone, alors que j'étais censé faire la sieste sur le canapé. Elle parlait tout bas et j'avais ressenti comme de la colère : je lui en voulais d'évoquer des problèmes que je n'étais pas censé avoir, j'étais vexé, au plus profond de moi, comme un lycéen quand sa mère n'a pas lavé son pantalon slim.

Mais ma sœur, elle, n'avait rien répété et quand on mangeait ensemble on rigolait comme des bossus. Il lui restait toujours un pays à raconter, et pour moi c'était deux coups avec la même pierre : je riais à me tordre les côtes et j'esquivais les déjeuners en non-amoureux avec le directeur d'usine. C'était bientôt la Fête de la Musique 2007, les fleurs recommençaient à pousser, les adolescents embrassaient les adolescentes, et ça sentait la fin pour mon chef. Quel beau mois de juin, vraiment.

- « Ils ont des plats, mais des plats ! Tellement beaux ! Ça fume, tu vois, et puis y a des couleurs que t'as jamais vues ! Elles font ça, les femmes, regarde, comme ça ! Comme ça !
- Ah oui j'avais déjà vu un truc comme ça sur France5. Tu vois, y avait Petirenaud qui...
- Mais attends ! Regarde, elles malaxent avec leurs pieds, comme ça ! Et les épices ! Les couleurs ! Et les odeurs !

- Miam !
- Oui, miam ! Elles font cuire et elles rajoutent des épices, et elles font recuire. Mais les voir écraser, malaxer avec leurs pieds, c'est génial.
- Oui bah Petitrenaud...
- Mais ! Je me fous de Petitrenaud !
- Ah ouais madame Je-sais-tout, et ton plat de zoulous il est meilleur que ceux de Petitrenaud peut-être ?
- Bah oui ! T'auras qu'à demander à papa. Apparemment il les connaît bien, les zoulous...
- Eh bien je le ferai !
- Ah ouais ?
- Parfaitement, quand il viendra pour l'anniversaire.
- Oh, non... alors je retire, ne lui demande pas il va encore parler des heures.
- Trop tard, tu m'y auras forcé.
- Mais, ça va être chiant.
- Tu ne pourras t'en prendre qu'à toi-même.
- Allez...
- Non, trop tard.
- ...
- ...tu dois apprendre de tes erreurs. »

Ces semaines me restèrent en bouche pendant longtemps, comme le goût du dernier bonbon qu'on vient de manger. Elles me collèrent au palais, aux bajoues. Je vivais dans l'ignorance de mon futur et le bonheur qui l'accompagne. C'est bon de ne se rendre compte de rien. C'est comme ça : on est plus heureux quand on ne sait pas. Ma sœur avait commencé à souffrir quand elle s'était rendue compte que le Père Noël de la place Graslin était un sans-abri. On aurait dit que sa vie avait basculée, elle chougnait, elle était en colère. C'était déplorable. Moi j'étais un mec et à son âge, quand on m'avait dit que les cadeaux c'étaient les parents, je n'avais rien ressenti. J'avais même fait une liste plus longue parce qu'avant, je ne voulais pas surcharger le traîneau.

D'aussi loin que je pusse me rappeler, je n'avais jamais ressenti de choc, je n'avais jamais pensé que ma vie basculait. En grandissant je m'étais dit que j'avais été le plus formidable des garçons. Mais l'exemple de ma sœur était frappant. Encore qu'elle fût une fille et donc une faible ; je me disais qu'il fallait être indulgent avec ce genre de personnes, que ça mettait des jupes et que ça ne voulait jamais se rouler dans la boue mais que ça serait bien utile au moment de faire des enfants. Je n'étais pas idiot, je savais qu'il me faudrait une femme alors j'étais gentil avec ma sœur : elle avait plein de copines.

Quoiqu'il en soit, on ne m'ôtera pas ça de l'esprit : c'est quand on ne sait pas de quoi demain sera fait qu'on est le plus heureux.

Après avoir reçu le résultat des examens, je ne me rendis pas compte tout de suite de ma situation. Allez savoir, ça ne percutait pas. Mais bien plus tard, le jour où finalement je percutai, le jour où je compris qu'on m'avait privé de ma santé et que j'allais devoir me battre, je fus pris d'une angoisse si forte que j'avais du mal à croire que ça m'arrivait, à moi.

Ce qui donne l'impression que la vie bascule, c'est de passer de l'ignorance à la lumière éblouissante de la vérité. Ce n'est qu'une impression, mais ça fait mal.

Mais ce n'est qu'une impression. En réalité, la vie ne bascule pas ; elle continue, c'est tout. Ce n'est qu'une succession d'évènements plus ou moins agréables à supporter. Ça gratte, ça pique, c'est doux, c'est drôle, la vie est une continuité jusqu'à ce que ce soit la fin des haricots, et on se retrouve tous côte à côte, dans des boîtes au Jardin du Souvenir. Alors oui, c'est moins poétique que de se dire que sa vie bascule, que le voile s'est levé et que la vérité nous envahit. Mais c'est ainsi fait, alors pas de quoi en faire des chansons qui donnent la larme au cul parce que Céline Dion les lance en vibrato sur la foule de Las Vegas.

Un soir, comme j'ouvrais la porte de chez moi, je trouvai ma femme en train de pleurer toutes les larmes de l'Histoire de France. Elle était affalée sur une chaise. En me voyant, elle ne sourit pas. Je dus faire mine de ne pas en être étonné, pour ne pas la faire pleurer encore plus. Je fermai la porte, posai mes clés et enlevai mon petit blouson d'été – mais je décidai d'ôter mes chaussures après m'être occupé d'elle, de peur de passer pour un goujat.

Je la pris dans mes bras en lui demandant ce qui se passait. Elle hoquetait, suffoquait, elle était rouge et toute gonflée ; qui l'eut cru, une femme aussi belle. Si j'avais su ça au moment de la marier... La télévision braillait, des gens applaudissaient, d'autres riaient aux éclats, le tout dans un décor de salle des fêtes municipale. Pour une fois, la télécommande ne s'était pas cachée dans un des coins les plus improbables du canapé et je mis un temps très court à éteindre le poste.

Ma femme eut l'air de se calmer et tenta une prise de parole qui était vouée à l'échec puisqu'elle suffoquait comme un asthmatique après un marathon. Elle tapa son genou avec son poing, dans un accès de colère d'une violence relative et se remit à suffoquer. Plusieurs phases du même genre se succédèrent où elle tenta de respirer et de parler sans arriver à sortir des phrases entières, ni d'ailleurs de vrais mots ; tout au plus lançait-elle des onomatopées.

Et puis, elle hurla. Elle hurla que j'avais un cancer du pancréas, qu'elle me détestait et que si je l'avais écoutée, j'aurais arrêté de fumer, en plus avec l'interdiction de fumer dans les bars janvier prochain, j'aurais dû y arriver, on aurait pu y arriver. Les mots lui venaient par bouffées stridentes, elle reprenait son souffle et se remettait à hurler. Son discours n'était pas très clair mais elle redit plusieurs fois que si je l'avais écoutée... Ensuite, elle s'effondra par terre et ses cheveux cachèrent l'ensemble de son visage ruisselant.

Je ne souhaite à personne de voir sa moitié dans cet état-là, c'est à vous déchirer le cœur. Je restai là, muet, dans l'incompréhension la plus totale face à ce spectacle auquel je n'étais pas habitué. J'aurais voulu réagir, faire l'homme, mais je ne savais pas quoi faire. Qu'est-ce que j'y pouvais, je vous l'ai déjà dit, ça ne percutait pas. Je fus seulement capable de me dire que j'avais un cancer et que ça ne présageait rien de bon...

II

Ma femme ne me parla pas de la soirée. Elle ne dit rien et fuit chacun de mes regards en se concentrant sur son hachis Parmentier, qu'elle remuait et remuait sans fin comme pour obtenir une pâte homogène et dégoûtante. Décoiffée comme elle était, on aurait dit une folle. Ses lèvres et ses yeux étaient bouffis de larmes, ses joues étaient blanches et l'expression de vide qu'avait son visage me troublait beaucoup. On aurait cru une handicapée mentale dans un de ses moments d'absence.

Le silence était si fort qu'à un moment j'eus un sifflement dans l'oreille. Tout était calme, nous, nos mouvements, nos bouchées, la plante verte. Ma femme continuait à malaxer son hachis, le regard fixe, le poignet décrivant lentement des courbes aléatoires. Le sifflement devint insupportable. Quelqu'un devait penser à moi et je n'avais aucun mal à savoir qui c'était.

Globalement, le repas fut pesant. Je finis mon assiette, mon verre d'eau, et je débarrassai. J'avais l'impression d'avoir douze ans et d'être en réunion de famille, à la table de mes grands-parents paternels, quand je n'avais le droit ni de rire, ni de pleurer. Je ramenai tout à la cuisine, comme avant, à la différence que ma sœur et mes cousins n'étaient pas là pour m'aider à porter la vaisselle. Quand j'étais petit, j'avais peur des repas de famille.

Ce jour-là, je ressentis la même chose : je n'osai pas parler de peur de dire une connerie et de m'en prendre une. Pourtant, ma femme n'aurait jamais fait de mal à une mouche, elle faisait attention aux fourmis quand elle marchait sur la terrasse de notre rez-de-chaussée. Mais j'avais peur, voilà tout. Le sifflement dans mon oreille fut remplacé par le discours des grands-parents qui causaient finances et politique de supermarché. Je revis ma grand-mère me fusiller du regard quand je ne mangeais pas mes filandreux légumes assez vite.

Ma femme, quant à elle, n'avait rien mangé et son visage avait perdu son air vide au profit d'une expression de dégoût. C'était inexplicable. Je n'avais rien fait de mal ; je n'avais pas menti, je n'avais pas volé mon prochain, ni la femme de mon prochain, et cet air écœuré qu'elle ne quittait pas me piquait au cœur et diffusait un poison bien plus méchant que les regards de ma grand-mère. Et alors, quoi, j'avais une petite maladie à l'intérieur du ventre. C'était des choses qui arrivaient.

Je lançai le lave-vaisselle en me répétant que je n'avais rien fait de mal. Les deux yeux gonflés partirent se coucher et je les entendis pleurer toute la nuit. Je me fis un café, tandis que « Êtes-vous plus fort qu'un enfant de dix ans » battait son plein sur M6, merveille de culture et de communication. Je me sentis con, quand même moins con qu'un adulte qui se compare à un enfant de dix ans, et je m'arrangeai pour me brûler la langue avec mon café – pour ce qu'elle avait servi ce soir, ce n'était pas un drame.

J'avais le sentiment de m'être disputé et ça m'énervait ; mais peut-être était-ce le café. Ma femme essayait d'étouffer le bruit de ses larmes. Elle n'y arrivait pas. Je montai le son pour l'aider. Les rires gras de la classe moyenne couvrirent notre malheur ordinaire. Comme quoi les imbéciles sont d'une grande aide dans les moments durs. Une grosse bonne femme riait à gorge déployée en montrant la quasi-totalité de ses seins et appuyait sur des champignons en lorgnant sur les réponses de son adversaire, un enfant de dix ans.

Les pleurs avaient cessé, ils devaient être fatigués, et je pus alors réfléchir aux premières décisions que je prendrai quand on m'aurait nommé chef à la place de mon chef. C'était dans pas longtemps et il me fallait un programme. J'avais besoin de quelque chose de solide à offrir aux supérieurs hiérarchiques dès ma nomination au poste de : « directeur de l'usine de fabrication de rotules en aluminium RxAl-65 de Bouguenais (44340) ». Je passai la nuit à y penser, à jubiler, ayant déjà oublié que j'étais censé être malade. Avec le recul c'était peut-être un refoulement ou quelque chose du genre. Mais sur le coup j'étais surexcité à l'idée de prendre mes nouvelles fonctions ; à moins que ce ne soit le café, encore une fois.

Le lendemain matin, je préparai le petit déjeuner et réveillai ma femme :
- « Tu vas être en retard à l'école.
- Je n'y vais pas.
- Pourquoi ?
- Je suis fatiguée. Je me sens pas bien. »

Et elle se remit à sangloter. Alors je laissai un post-it en forme de cœur où j'écrivis « Je t'aime, à ce soir » et partis au travail en me traitant de nul. En refermant la porte d'entrée, je l'entendis se lever, déchirer mon cœur et faire bouillir de l'eau. En plus de me sentir nul, je me sentis seul. Je croisai le concierge qui lavait le sol. Il avait l'air malheureux. J'évitai son regard et par conséquent la narration de ses malheurs ; il n'y a rien de plus lassant que les mésaventures des autres.

Je n'étais pas si seul, finalement. Il y a toujours plus infortuné que soi. Le concierge aspirait le sol mais n'inspirait rien de bon. D'ailleurs, avec ses yeux de chien battu, il n'inspirait rien du tout. Il disait bonjour et bonsoir avec la même intonation, le même manque de charisme, et d'ordinaire j'avais du plaisir en le croisant parce qu'il me rappelait ce que j'avais réussi à ne pas être : un faible, un vaincu, un loser. Non qu'il fût concierge, je ne jugeais pas sa profession, je jugeais son incapacité à être un homme.

Le concierge, c'était le genre de personne que j'aimais savoir en vie mais que je n'aimais pas entendre parler, toujours un problème avec sa femme, un souci sur ses fins de mois, un pet coincé dans un boyau. Cet homme était épatant d'incompétence, il n'arrivait à rien, même la résidence n'était pas bien tenue et tout le monde mettait ça sur le compte de sa dépression qui durait depuis la nuit des Longs Couteaux. Une fois même il s'était mis à pleurer, assis sur la rocaille décorative de l'entrée, et il était resté comme ça je ne sais combien de temps ; beaucoup de temps, en tout cas, j'étais parti et revenu de la boulangerie sans qu'il ne changeât de posture. Il était là, sur les cailloux, et il pleurait sa vie.

Sa déprime, tout le monde s'en foutait et on évitait de lui en parler. Ça n'intéressait personne. On pleure les guerres et on utilise des grands mots comme dégueulasse et inconcevable pour parler des meurtres/viols/maladies rares mais le souci ordinaire des autres, celui qui ressemble à notre propre souci, banal, consensuel, sans saveur, celui-là nous exaspère. Personne n'est là pour nous plaindre alors on ne va pas plaindre les autres. Le bon samaritain, l'aide au prochain, toutes ces choses sont des mensonges. Voilà pourquoi je croisai le concierge sans croiser son regard. Celui qui ne l'a jamais fait n'aura qu'à me jeter une des pierres de la rocaille de l'entrée.

Au travail, je fus d'une humeur massacrante – ce qui plut énormément à celui qui, bientôt, ne devait plus être mon chef. Tout le monde en prit pour son grade, même certains très hauts placés dont l'attitude me hérissait les poils depuis déjà quelques salaires. Au directeur du département logistique, notamment, je ne donnai pas l'occasion de déguster son déca et lui demandai de clarifier les tâches qu'il imposait à ses subordonnés, d'éteindre son téléphone personnel et de mettre au jour les raisons de sa présence en salle de réunion.

Il avala de travers, toussa, essaya de me fusiller d'un regard qui manquait de munitions, puis chercha de l'aide autour de lui. La stagiaire/secrétaire/femme à tout faire ne pouvait pas lui être d'un grand soutien. Quant à mon chef, il jubilait. Le directeur de la logistique partit couiner dans son bureau.

- « C'est comme ça que je vous aime ! Agressif, sans pitié. C'est comme ça qu'on réussit.

- Mais attendez ! Il passe son temps à compter les minutes et le nombre de boutons à la chemise de sa secrétaire !
- Je suis d'accord avec vous.
- Il est insupportable.
- C'est vrai, mais c'est quoi la solution ?
- Je dirais …un pot de départ.
- Ha ha ! C'est comme ça que je vous aime ! »

Mon chef eut un rire d'homme riche et important. Je voulus tenter : « En parlant de départ… » mais il me fuma au démarrage. Il aborda le sujet et se flatta d'avoir trouvé une maison au bord de l'eau, avec un terrain de tennis privé et beaucoup d'espace pour les gamins parmi la nature, les arbres, l'herbe, le grillage. Il était flatulent de plaisir et de fierté, il faisait la roue comme un vieux paon qui ne peut pas s'empêcher de parader devant les autres mâles. Je m'en foutais, moi je voulais les sous.

- « Je pense que vous êtes prêt pour prendre la relève.
- J'espère.
- Il faudra être sans pitié, faudra pas faire de concession… avec l'équipe de sangsues que vous allez traîner derrière vous.
- J'imagine.
- Surtout la petite fouine qui s'occupe des relations clients. Celui-là, dès qu'il pourra vous demander un service, il le fera.
- Eh bien je l'enverrai se faire voir.

- …envoyez-le plutôt chez le directeur de la logistique. »

J'avais deux semaines pour « profiter » de mes résultats d'examens avant d'aller chez un cancérologue discuter de la façon dont on pourrait me sauver la vie. Deux semaines, croyez-moi, c'est long comme ce qu'il y a de plus long au monde quand on attend de se faire sauver. J'avais envie de m'insurger contre le système médical français, de crier, de porter la croix et la bannière, j'avais envie de me retrouver face au ministre de la santé pour lui déballer ses vérités et mon pancréas, et par-dessus tout, j'avais envie de rouer de coups le nouveau stagiaire de l'usine qui ne faisait rien d'autre que vérifier ses emails sur l'ordinateur du bureau.

Un soir, ma sœur, venue prendre l'aumône dans notre frigo, fut prise d'une envolée lyrique visant à faire passer mon impatience.

« Tu vois, typiquement, tu as la réaction du Français moyen. Tu cotises alors on te doit tout. Chez les anglais, ça se passe pas comme ça. Les médecins te renvoient chez toi avec une prescription de vitamines C à moins que tu ne sois vraiment en train de claquer ». Je feignis la colère : « Mais, j'ai un cancer ! » et ajoutai « merde » pour faire plus vrai. Elle sourit.

- « Je m'en fais pas pour toi. Jamais un rhume, jamais un mal de tête. Tu as toujours été désespérant de bonne santé. Alors…

- C'est ce que je me dis aussi. Je vais bouter cette maladie hors de moi. »

Ma sœur se mit à parler, à parler, à parler ; je décrochai mon esprit de son discours et le tableau du mur du salon parce que ça n'avait aucun sens et que je n'avais jamais aimé ce tableau.

Je repris à :
- « Je prierai pour toi !
- ...hein ?
- Je prierai pour te sauver la vie !
- C'est ça, rigole.
- Peut-être que Dieu peut t'aider. Les groupes de prière, aux États-Unis, ils abordent souvent cette question. C'est fou le nombre de gens qui se tournent vers Dieu dans ces moments-là.
- C'est le manque de confiance en soi.
- Ou alors ils sont paumés. Être malade, ça secoue. Pour peu qu'ils y trouvent leur compte... tant mieux pour eux.
- Mmm...
- Oui.
- Moi, je n'ai pas besoin de ça, je vais guérir vite. Je le sais, c'est tout. »

La souris qu'était ma sœur rebondit alors sur la spiritualité, que c'était pareil que pour les shintoïstes, qu'ils vivaient en harmonie avec leurs dieux, que leurs dieux c'était la nature, qu'ils la respectaient et qu'ils ne mangeaient pas d'arbre. Puis, elle se tut, sans doute en méditation.

Deux semaines, c'était long… je n'avais pas peur de devoir affronter un traitement, puisque je sentais que j'allais guérir vite, mais je n'aimais pas la sensation de devoir attendre qu'on veuille bien s'occuper de moi. J'étais déçu de la lenteur d'un pays auquel j'avais donné un pourcentage lourd et énigmatique de mon salaire. J'étais déçu que le Président de la République ne volât pas à ma rescousse pour faire avancer mon rendez-vous, au moyen d'une lettre signée de sa main ou de la première dame de France, qui qu'elle soit. C'était une injustice parce que oui je travaillais dur au profit de mon pays, que je n'avais jamais rien demandé en retour, et qu'au moment où ma vie devait basculer sur le plan professionnel, Hippocrate voulait me mettre des bâtons dans les roues. Ça me révoltait.

Donc, je devais attendre. J'ai dit plus haut que je n'avais pas peur de l'affrontement. C'est vrai. Et je considérais ça comme un affrontement parce que j'avais eu la réaction standard de trouver un coupable à mes malheurs : pour moi c'était le médecin. J'avais été logique avec moi-même, j'étais ambitieux et sûr de moi, je ne pouvais pas m'auto-provoquer une maladie ; ç'aurait retardé, non seulement mes projets, mais aussi la réussite de mes projets et ça, c'était le genre de qui veut mais pas le mien.

Ma femme non plus, à voir ses grands yeux mouillés et l'alliance qu'elle m'avait passée au doigt, elle n'aurait pas pu me faire de mal. Le détective que j'étais avait bien cerné la chose et il ne restait qu'une seule possibilité. C'était mon docteur, même tous les docteurs, ils étaient tous coupables. Et maintenant ils me faisaient patienter, en me narguant avec leurs stéthoscopes et leurs jolies spécialistes aux voix de crécelles. J'étais un détective de pacotille mais j'étais satisfait de moi. Oui, j'étais bien content, les médecins étaient tous des menteurs et des voyous.

En quelques jours, ma femme avait retrouvé un genre de demi-sourire et retournait à l'école. C'était un sourire forcé, bien sûr, un peu crispé ; le genre de sourire qu'arboraient les élèves de la Star Academy à l'occasion de leur premier prime, les cheveux coiffés décoiffés, et sous l'égide d'un Aliagas agacé de n'être qu'animateur. Ce n'était pourtant pas faute de tenter quelques notes lors des chansons de groupe. « J'ai compris ton petit manège, Nikos » s'était exclamé Pascal Nègre juste après la rentrée de la 6e promotion. « Tu voudrais bien être sur l'album, vieille canaille ! »

Mais il n'en fut rien et le plus français des animateurs grecs resta au second plan des shows à l'américaine du vendredi soir. C'était un artiste, pourtant. Il fallait le voir, en habit traditionnel, tenter la danse de l'aigle sur le plateau d'Union Libre où il était chroniqueur pour la Grèce. Il tournait sur lui-même, les bras étendus, Christine Bravo riait par le nez et on pouvait voir un petit feu à côté de lui avec un gars de la sécurité pas loin. Ma femme et moi frétillions, nos sens en éveil, et nous étions tombés d'accord sur le fait que la danse de l'aigle n'était pas à la portée de tout le monde.

Revenons-en à ma femme. Elle avait échangé son expression horrifiée contre un sourire anxieux. C'était déjà ça. Elle faisait des efforts, par exemple elle (re)mettait les jupes qu'elle avait délaissées pour pleurer – on doit être plus à l'aise en pantalon. Un après-midi, elle se rendit même chez l'esthéticienne et le coiffeur pour se refaire la beauté qu'elle avait noyée. En rentrant, la peau douce et la tête comme un chou-fleur, elle eut un mouvement très féminin puis s'assit sur une chaise, un sourire anxieux au bord des lèvres. Qu'allait donc en penser son mari ?

J'avais envie d'avouer : « On dirait un caniche, va te laver les cheveux ». Mais ça n'aurait pas été gentil, ni approprié, et j'avais peur de la voir se liquéfier encore une fois. Assez de larmes, stop. Ma femme ne pleurait plus. Elle avait toujours cet air anxieux mais elle ne pleurait plus. C'était mieux pour tout le monde et surtout pour moi. J'avais besoin d'elle. Déjà, j'étais censé être malade. Il me fallait une épaule sur laquelle me reposer. Et surtout, dans cinq jours, j'allais devenir directeur d'usine. L'argent allait couler à flots sur mon compte en banque et j'allais pouvoir plonger dedans tel Picsou, mon idole, l'une des vedettes de mon enfance avec Tintin et le Tigre de Combat de Musclor. J'avais besoin de ma femme à côté de moi, j'aimais quand elle me disait des choses gentilles, j'aimais son calme, ses jambes, faire les courses avec elle. Je me sentais aimé, c'était chaud et c'était doux. J'étais devenu tellement dépendant de ça que je n'avais pas envie de le laisser partir.

Dans ma conception traditionnelle du couple, en effet, nous étions dépendants l'un de l'autre. Pour l'amour mais aussi pour le matériel. Ce n'est pas difficile à comprendre, j'avais une femme intelligente qui savait faire une liste de courses et moi, l'incapable, je pouvais me contenter de pousser le chariot. Elle savait préparer un voyage et quand nous partions, j'étais uniquement chargé de prendre le sèche-cheveux – et parfois j'oubliais. Elle savait trouver les aiguilles dans les bottes de foin et moi je passais l'aspirateur ; ça avalait le foin et les aiguilles mais au moins c'était propre.

Des femmes comme ça, on n'en croise pas à chaque feu rouge, il faut les trouver, les séduire et les garder. Ce n'est pas facile, et les hommes qui lisent ces mots savent de quoi je parle. En somme, ma femme organisait notre vie et sans elle j'étais perdu.

Moi, je sentais que j'étais l'homme parce que je ramenais les sous. C'est que, quand nous n'étions pas mariés, je travaillais pour me payer toujours plus de microélectronique mais des années plus tard, la bague au doigt et ma main dans la sienne, je m'étais mis à penser que le travail servait à protéger sa famille. Je m'étais investi d'une mission, il fallait subvenir aux besoins de ma femme et de mes futurs enfants. Tout allait pour le mieux dans le meilleur des mondes. Nous étions un couple parfait et parfaitement heureux. Nous étions nos grands-parents.

Cinq jours plus tard, j'étais chef. Ça changea de régime pour les sangsues qui traînaient dans mon service. J'instaurai la loi du sévère mais juste, fier et heureux comme un goret quand il a le groin dans son auge. On fila doux à la logistique et toutes les jolies filles de la boîte montrèrent patte blanche ; j'avais l'impression d'être un chef dans le coup, un chef à la mode et travaux que les hommes respectaient et que les femmes adulaient secrètement. En réalité, je ne dépassais pas la bonne moyenne mais dans ma vision des choses, dans mon monde – et il était vaste – j'étais simplement formidable.

L'une des premières actions choc que j'instaurai fut de renouveler le processus de recrutement. Je supprimai le système des mots-clés et donnai de l'argent aux Ressources Humaines pour qu'elles pussent donner la parole aux candidats. Je voulais qu'on regardât la personne et non le cursus scolaire qui, selon moi, ne valait pas un kopec. J'avais fait l'École Centrale et j'étais bien placé pour savoir qu'un diplôme ne forgeait ni un caractère, ni les armes qui vont avec. Les fainéants restent fainéants, ce qu'ils gardent de leur scolarité n'est qu'un t-shirt de promo et un esprit faussement ancien élève qui pousse les mineurs à n'engager que des mineurs ; ou à engager un centralien au prix d'interminables moqueries sur l'acronyme de son école. Je sais de quoi je parle, j'étais diplômé de l'ECN du GEC, c'est-à-dire Centrale Nantes mais de façon bien plus créative.

Je lançai également le projet d'une nouvelle salle de réunion aux gadgets insoupçonnés. Un vidéoprojecteur à la pointe de la technologie, et qui n'aidait pas à lutter contre la vie chère, trônait désormais au centre de la table en U. Il projetait sur le mur principal, d'un blanc parfait et sur lequel on pouvait écrire avec des stylos feutres spéciaux. Les stylos étaient doux et design. On pouvait ensuite laver le mur avec une éponge aimantée comme on en trouve dans les écoles mais tellement moins basique…

Les employés allaient enfin pouvoir briller en réunion, exposer leur PowerPoint rempli de chiffres – la plupart du temps fabulés mais qui s'en serait soucié puisque les chaises étaient moelleuses et que les verres n'étaient jamais vides, la mission de les remplir incombant à un stagiaire aussi lambda que possible. C'en était fini des réunions insupportables où tout le monde était au bord de l'évanouissement, pris d'une ataraxie générale et égalitaire devant les sexes : je voulais des réunions dynamiques et claires.

Je fis changer les lumières par des ampoules basse consommation. On ôta la moquette poilue et qui sentait le chien mouillé dès qu'il pleuvait trois gouttes ; à la place, j'ordonnai un stratifié du meilleur goût. Les stores furent aussi remplacés par des rideaux sensuels mais quand même pratiques, qui évitaient de strier la salle en très sombre/très lumineux. C'était Jacques Baumet qui allait être content. Après vingt ans de carrière à l'usine de Bouguenais, à l'organisation des lignes de production, il arrivait encore en retard en réunion et se retrouvait inévitablement sur le dernier siège de libre, en plein soleil. Le pauvre chauve passait ses réunions à avoir chaud, à suer et à prendre sur lui. Le reste de l'équipe dirigeante trouvait que c'était beaucoup de patience pour un seul homme et nous étions tombés d'accord pour dire que Jacques Baumet méritait un siège de luminosité raisonnable. Les rideaux sensuels allaient faire un effet bœuf.

Enfin, je décidai que chaque fin d'année devrait être marquée par une fête de Noël familiale, comme chez les grands noms du CAC40, avec de la musique et un buffet pour remplir les oreilles et les panses ; et pourquoi pas des spectacles originaux comme le cirque de Chine ou une chorégraphie de Tecktonik. Comme j'habitais Bouguenais, à côté de Nantes – relativement loin de Montaigu – je me disais qu'il serait facile de trouver des artistes pour amuser ma galerie, du groupe de musique au contorsionniste. Nantes regorgeait de culture et de nouveautés et j'étais sûr de trouver quelque chose pour la fête de Noël. A défaut, j'aurais toujours pu prendre le vieux sans-abri qui dessinait des portraits sur le sol de la place Royale. Ç'aurait été gagnant-gagnant, ceux qui s'insurgent en lisant ces lignes n'ont jamais vu leur assiette vide.

Je voyais surtout de gigantesques pain-surprises. Ils prenaient toute la place dans ma tête et j'étais heureux comme un gamin à l'idée d'en avoir à ma fête de fin d'année. J'aime toujours les pain-surprises. Je trouve ça mieux que du foie gras ou du caviar parce qu'on ne sait jamais si ça va nous plaire ou non ; ça n'est pas une valeur sûre, on peut très bien tomber sur le sandouiche qui n'a que le gras du jambon cru. Mais il faut avoir le goût de l'aventure. C'est comme les huîtres.

La feuille était blanche et les idées fusaient. Le tout était d'innover. Je voulais innover. Marquer l'insignifiance de cette usine par le faste de ma vie. Les gens n'allaient pas en croire leurs yeux. Ils n'en croyaient déjà pas leurs oreilles quand j'exposais mes idées de génie à la pause déjeuner. Ils allaient tâter de mon imagination et j'étais ravi.

Mais je vais trop vite. Je n'eus le temps que de serrer des mains avant d'aller chez le cancérologue.

Une grande fougère et une plaque dorée m'accueillirent au cabinet du spécialiste. A l'intérieur, c'était zen. Tout était zen, des murs pastel au mobilier dont les angles étaient arrondis, en passant par l'assistante japonaise Shizu, avec ses longs cheveux noirs en queue de cheval et ses yeux en lignes droites. Shizu avait l'air de sortir d'un manga et ça n'était pas déplaisant. Le cliché était réussi. Elle avait même un petit accent qui la rendait mignonne comme tout.

« Je vous prie, allez dans la salle d'attente et moi je prépare votre dossier pour docteur ». Je lui demandais si c'était par là et elle acquiesça en hochant la tête. Quand elle souriait, les lignes droites disparaissaient et on pouvait croire que Shizu n'avait pas d'yeux. J'entrai dans la salle d'attente et dis bonjour à la seule personne qui était là, une femme d'à peu près trente ans qui avait les cheveux rouges et la peau blanche. J'essayai de m'asseoir dans son angle mort. Je ne voulais pas lui parler, je ne voulais même pas savoir ce pour quoi elle était là.

On put entendre une porte s'ouvrir et une voix de quinquagénaire résonner jusque dans l'œuvre d'art moderne qui trônait dans la salle d'attente – ça s'appelait « Mémoire Vive » et c'était un écran plat coupé en deux sur un socle de résine. Un jour, il faudra que les artistes arrêtent de se moquer du monde.

- « Shizu !
- Oui docteur ?
- Tenez vous voudrez bien me faxer ça ? C'est pour le docteur Barn, vous savez, qui s'occupe du petit Éric.
- Oui, bien sûr.
- Merci ma petite. »

La porte de la salle d'attente s'ouvrit et un gamin roux et blanc comme la trentenaire me dit bonjour. Sa mère se leva et lui tendit son blouson.

- « Alors, ç'a été mon chéri ?
- Oui, oui.
- Tu me raconteras bien tout, hein ?
- Oui, t'inquiète. »

Ils sortirent. Le docteur leur lança : « Bonne journée madame, à la prochaine Éric ! » puis ce fut à mon tour. J'entrai dans le bureau du docteur, il me serra la main et me demanda comment j'allai. Je fus pris de court : n'était-il pas au courant ?

- « Eh bien, j'ai un cancer, enfin c'est pour ça que… que je suis là mais…
- Oh mais ça, je sais ! Je parle du moral, comment ça va, la famille ? Asseyez-vous.
- Ça va.
- Très bien !
- Ma femme ne va pas trop… enfin, je sais pas…
- Mais c'est normal. Il faudra bien rester soudés, hein, l'aide mutuelle c'est primordial quand on combat une maladie. Ca, et le moral !
- …d'accord.
- Ah oui, le moral, ça vous fait guérir de tout ! »

Shizu entra sur la pointe des tongs pour dire au docteur qu'elle avait bien faxé ce qu'il fallait faxer et qu'elle avait transmis mon dossier au docteur par le réseau interne. « Merci Shizu ». Elle sortit en hochant la tête.

« Aaah, cette petite ! Elle est formidable. Elle vient du Japon, vous savez. Quand elle est arrivée, elle ne parlait pas la langue ! Elle a dû prendre des cours et puis elle a fait plein de petits boulots avant d'atterrir ici. C'est une perle. Elle est tellement consciencieuse ! »

J'étais un peu atterré par la légèreté de ce cancérologue ; c'était un spécialiste, les spécialistes savent trop de choses pour être légers. Je me foutais complètement de Shizu et de ses boulots et de ses perles. Je tentai une approche directe.

- « Est-ce que vous allez me sauver la vie ?

- Je... quoi ?
- Je veux dire, qu'est-ce qui va se passer ?
- Oooh ! Vous alors, vous ne perdez pas le nord ! Alors votre dossier, clic clic, voilà ! Alors...
- Alors ? »

Il changea de visage. Je n'avais jamais vu un docteur aussi doué pour les mimiques.

- « Bien. Parlons sérieusement deux minutes. Vous savez pourquoi vous êtes ici, vous avez ce qu'on appelle un cancer du pancréas. Alors qu'est-ce que c'est, eh bien, une tumeur s'est développée sur la partie exocrine de votre pancréas.
- Exocrine.
- Oui, c'est la partie qui sécrète plein de choses, hein, les enzymes et compagnie. Et alors ça, cette tumeur, on peut la voir par les examens au scanner que vous avez faits. Regardez, là. »

Il tourna son écran pour que je puisse voir.

- « Ca, c'est votre pancréas. Vers l'avant, il y a ce qu'on appelle la tête du pancréas, et on voit une tache. C'est une tumeur. Vous la voyez ?
- Oui. »

Il prit cinq minutes pour m'expliquer comment ça fonctionnait. Je ne compris pas tout. C'était un merdier de cellules, d'organes et de sécrétions. Un truc enclenchait un autre truc, tout était lié mais indépendant et les dessins étaient amphigouriques au point que je me surpris à acquiescer sans comprendre réellement. Ma parole, le corps humain était plus complexe qu'une usine.

Le docteur fit pivoter son écran dans l'autre sens.
- « Eh bien voilà.
- D'accord.
- Et vous savez comment elle s'appelle votre maladie ?
- Bah… cancer du pancréas…
- Ah, je voulais dire son nom officiel, pas son petit diminutif. »

Garcimore avait retrouvé sa joie de vivre.
- « Non je ne sais pas.
- Il s'agit d'un adénocarcinome ductulaire.
- …
- Oh vous savez, on choisit pas son nom. Bon, très bien. Alors qu'est-ce qu'on va faire ? On va vous soigner, mon cher haha ! Et moi, je suis pour la transparence. Je vais être franc avec vous, le cancer du pancréas, c'est un cancer difficile. Difficile à vivre, à soigner. Et ce qui est peu commun chez vous c'est que vous êtes jeune.
- Jeune, c'est-à-dire ?
- Eh bien, normalement, ce genre de maladie se développe chez des personnes de plus de quarante ans.
- (Normalement ?)…
- En revanche ! En revanche on l'a décelée assez tôt. Et ça, c'est un bon point pour nous. Vous savez on

liste, hein, on classifie les maladies et vous, vous en êtes au stade T2. Et ça va jusqu'à T4 ! On est plutôt chanceux !
- Chanceux ?
- Par rapport à la classification, oui, heu... je veux dire, on classe selon la taille de la tumeur...
- Alors, vous allez me prescrire une chimiothérapie, je vais perdre mes cheveux et tout...
- Non, ce qu'on va faire, c'est qu'on va vous opérer. On va tout simplement retirer la tumeur. Ça devrait marcher plutôt bien, je suis confiant. Votre tumeur n'est pas très grosse. Enfin, relativement !
- D'accord.
- Par contre, vous allez arrêter de fumer hein ? Et complètement. Je vais vous prescrire quelque chose pour les douleurs abdominales.
- Un truc qui va me faire perdre mes cheveux ?
- Non, non, encore une fois on ne va pas faire de chimio. On va simplement se faire opérer, par un bon chirurgien, tranquillement, au CHU. Et tout ira bien.
- D'accord. Donc, vous allez m'opérer et tout ira bien.
- Ça devrait se passer comme ça, oui. Je l'espère en tout cas ! »

Je n'aimais pas sa façon de me parler comme si j'étais un enfant. Mais il allait renvoyer la maladie d'où elle venait et ce n'était pas rien. Son discours fut à nouveau très technique et difficile à intégrer. Je m'accrochai. Il m'expliqua l'opération en détail, soi-disant pour me rassurer mais j'étais persuadé qu'en vérité il ne cherchait qu'à me montrer sa science. Cinq minutes s'écoulèrent qui m'en parurent vingt. Le cancérologue nantais brillait de mille feux en brandissant des anesthésiants et des bistouris pour donner plus d'images à son parler.

Puis, avec la verve d'un poète comique, il me dit que c'était un chirurgien réputé qui allait s'occuper de moi ; voire même très réputé puisqu'à en croire ses mots, c'était le plus grand médecin que la Terre ait connu. J'allais obtenir un rendez-vous, il allait contacter le chirurgien qui allait ensuite me contacter pour me donner ses disponibilités. Ses disponibilités, je n'en croyais pas mes oreilles. Il fallait qu'il soit sacrément doué pour qu'on en parlât de cette manière, l'empereur du bloc opératoire, au moins.

A la fin, le cancérologue tapa la table du plat de ses mains en homme satisfait. « Alors on fait comme ça ? Allez, je vais contacter le chirurgien et puis on rediscutera ensemble de tout ça. Ça devrait bien se passer. » Il fit quelques derniers clics de souris et d'yeux, pour la forme, puis me libéra en me disant que j'étais sur la bonne voie pour être en bonne voie. Visiblement fatigué d'utiliser des mimiques à gogo, il me poussa dehors et vlan, il referma la porte aussi fort que possible en criant : « Et surtout, gardez le moral ! »

III

De retour chez moi, je m'apprêtai à tout raconter à ma femme, la rassurer en déballant mes aventures, quand elle me bondit dessus. Elle se jeta sur moi puis ses doigts s'agrippèrent à mes cheveux avec la violence du désarroi. J'essayai d'avoir de l'aplomb. Sa voix semblait attendre les résultats du bac. « Alors tu vas te faire opérer ?? »

Mon aplomb s'évanouit dans les airs.

« Alors ? Alors ?? »

Elle tremblait comme une feuille. Comment savait-elle qu'il était question d'opération ? Je pensais qu'en ne pipant mot je finirais bien par comprendre.

« Mais réponds, putain ! »

Elle me bouscula. J'étais déconcerté. J'osai un : « Oui, oui je vais me faire opérer ». Je bafouillais, loin du modèle de godelureau que je m'étais fixé. Moi qui voulais lui annoncer que tout allait bien et qu'il n'y avait aucune raison de s'inquiéter.

Elle souffla.

« Bon, alors tout va bien. Je ne vais pas m'inquiéter. C'est ça, je ne vais pas m'inquiéter. »

Nous nous enfoncions dans l'énigme. Ma seule arme était la niaiserie. J'osai : « Mais pourquoi tu me demandes ça comme ça ? »

Elle s'assit. Dans un calme plat, elle m'expliqua que quand elle avait reçu mes résultats d'examens, ils me diagnostiquaient un adénocarcinome ductulaire. Elle s'était alors renseignée sur Internet, comme tout le monde... Adénocarcinome ductulaire, ça ne voulait pas dire grand-chose. Mais sur Internet, elle avait trouvé de tout. Il y avait des forums de discussions, des sites médicaux, des blogs. Des femmes atteintes d'un cancer du sein qui venaient chercher du soutien, ou en donner, des médecins qui témoignaient du miracle de la vie, des anciens malades qui incitaient les gens à donner à la ligue contre le cancer, des pubs pour le dépistage... Ma femme avait appris le B-A-BA du cancer. Elle en savait plus que moi qui sortais pourtant d'un rendez-vous avec Garcimore, le spécialiste rigolo.

En outre, elle avait compris qu'on ne guérit d'un cancer du pancréas que si l'on se fait opérer ; et qu'on ne peut se faire opérer que si la tumeur n'est pas trop grosse.

Sans doute que ceci expliquait l'anxiété qu'elle avait manifestée avant mon rendez-vous, son sourire de Joconde, d'héroïne triste et courageuse, tout ce que j'avais trouvé bizarre mais que j'avais outrepassé pour ne pas affecter mon besoin d'elle. Elle s'était peut-être prise pour le grand héros qui vole à la rescousse du petit protagoniste malade. Cela me mit en colère.

« Tu t'es fait peur toute seule à te renseigner sur Internet ! Pourquoi tu m'as pas attendu, hein ?! Et d'ailleurs pourquoi tu as ouvert l'enveloppe de mes résultats avant que j'arrive ?! »

Elle tenta de dévier la faute sur moi en pointant du doigt mon manque d'implication dans cette épreuve. Elle était intelligente et avait bien cerné la situation. Je dus redoubler d'adresse : Quelle épreuve à la fin ! On allait m'opérer et voilà tout !

- « Mais mon pauvre, si tu avais regardé la feuille de diagnostic, tu aurais vu. Mais tu l'as même pas regardée, cette feuille.
- J'aurais vu quoi ?!
- Qu'il n'y a pas écrit cancer du pancréas mais adénocarcinome ductulaire ! Que si je t'ai annoncé que tu avais un cancer du pancréas, l'autre soir, c'est que je m'étais renseignée ! Mais t'as même pas fait le rapprochement ! Tu l'as même pas regardée, cette feuille ! D'ailleurs, tu sais où elle est maintenant ?! Je parie que non ! C'est moi qui l'ai rangée, je suis sûre que tu sais même pas où ! Tu t'intéresses même pas à ta propre vie !
- Je rêve ! Ça va être de ma faute ! Change pas de sujet ! Tu apprends quelque chose, tu m'en parles ! C'est tout !
- J'ai attendu que t'ailles voir le cancérologue. C'était…
- C'était nul !
- Bon tais-toi…
- Pourquoi tu t'es renseignée, pourquoi tu m'as pas attendu ! On l'aurait fait tous les deux, comme tous les couples !
- Mais j'avais besoin de savoir, c'est quand même… merde. Tu peux pas comprendre ça ?

- Ce que je comprends, surtout, c'est que tu t'es rendue malheureuse pour rien ! »

Elle partit se chercher un verre d'eau dans la cuisine. Ensuite, elle se rassit et le verre d'eau ne réussit pas à lui dénouer la voix. Pauvre verre d'eau, pauvre femme, pauvre situation. Ses yeux se remplirent de larmes.

« J'avais besoin de savoir. Et je me suis pas rendue malheureuse. Tu vois, c'était pire que ça. J'imaginais... Tout, tout ce que tu peux penser, pire, j'étais pire que malheureuse. J'imaginais que tu allais mourir et... »

Elle fondit en larmes en gage de sincérité. Ses grands yeux me fixaient, elle me demandait ce qu'elle aurait fait sans moi. Ma femme était belle, je la pris dans mes bras. Elle hoquetait.

- « ...je suis soulagée.
- Je comprends.
- Sur Internet... ils disent que si on n'opère pas, les malades ont pas beaucoup de chance de guérir... la plupart...
- On va m'opérer, ça va bien se passer.
- La plupart du temps, ils ne guérissent pas...
- Ça va aller, je vais guérir vite.
- Je sais pas ce que j'aurais fais sinon... »

La scène suivante fut douce, selon les règles de fin de disputes et Dieu, s'il existe, sait que ça n'était pas souvent. Je vis ma femme sourire ; elle disait que j'étais beau quand je faisais l'amour. Je voulais bien la croire. J'étais prêt à croire tout ce qu'elle aurait pu me dire, elle savait mieux, les femmes savent mieux. Les hommes sont condamnés à subir leur braquemart et leur instinct de survie, les sexes faibles sont au courant de beaucoup plus de choses.

Mon mal de ventre et de dos reprit le dessus, comme d'habitude, jusqu'à devenir insupportable. C'étaient les dernières minutes les plus difficiles, quand la douleur outrepasse le plaisir. Ça vous change la fin de l'histoire, avec des coups de reins comme des coups de poignard, et ça vous remonte la colonne vertébrale jusqu'à ce que votre tête explose. Ça vous brûle à l'intérieur, comme l'amour, sauf que ça n'a pas d'intérêt. Vous voudriez partir en courant, vous arracher le ventre, mais vous êtes un homme.

Ce fut peut-être ce jour-là qu'elle tomba enceinte. A vrai dire, je n'en sais rien. Elle ne prenait plus la pilule parce que nous voulions un mini-nous, mais depuis deux mois elle continuait à saigner et à être plus sensible une semaine sur quatre.

Comme nous ne tombions pas enceinte, nous commencions à nous demander si nous en étions capables et ma femme, pour optimiser nos chances de gestation, nous avait mis à un régime spécial inventé par elle : une fois par semaine, nous mangions des petits pots de compote pour les bébés. « Ça va le faire venir », je trouvais ça stupéfiant mais je n'allais pas m'en plaindre, j'aimais bien la compote pour les bébés, surtout la pomme-banane.

Et si ça pouvait le faire venir...

Ce fut donc ce jour-là qu'elle tomba enceinte, peut-être, si on sort la calculatrice. On peut trouver la date de la chute en calculant le nombre de jour après les règles ou les quartiers de lune mais je ne préfère pas. Au vu de tout ce que les médecins savent aujourd'hui, je veux laisser au miracle de la vie le seul secret qu'il possède encore : pourquoi ce moment-là et pas un autre.

L'été avançait sournoisement et c'étaient déjà les grandes vacances. Ma femme n'avait plus rien à faire et moi, je prenais quelques pilules pour calmer mes douleurs à l'abdomen et dans le dos. J'avais moins mal. En revanche, j'avais des moments d'absence ahurissants. Rares mais ahurissants. Mais rares.

Je ne suivais pas de chimiothérapie puisque j'allais être opéré et j'aurais remercié Dieu et mon cancérologue si j'avais vraiment eu confiance en eux. Pas de chimiothérapie, donc pas de perte accélérée des cheveux. J'avais peur de perdre mes cheveux comme les enfants ont peur du méchant Gram-Groum, ils tombaient déjà en décrépitude à cause du stress au travail, mes cheveux pas les enfants, et j'en perdais de-ci de-là depuis plusieurs années.

L'absence de chimiothérapie était une petite victoire. Je prenais simplement des pilules contre la douleur. Je continuais à pisser mon sang mais j'avais moins mal. Qui plus est, faire l'amour avait gagné en plaisir et perdu en courage. Comme l'avait dit le cancérologue, je sentais que j'étais sur la bonne voie, celle du Seigneur et de la guérison. La seule ombre au tableau était ce chirurgien qui brillait plus par son absence que par sa renommée : il n'appelait pas et j'attendais. Les jours passaient. Il n'appelait pas.

On commençait à crever de chaud à Bouguenais. La boulangerie du dimanche matin – devant laquelle tous les pères de famille se bousculaient pour ramener à leurs gamins des millions de croissants – était pleine de soleil. J'enrageais de devoir y aller. Ah, mariez-vous, vous serez heureux.

Ce jour-là, il faisait particulièrement chaud. La file d'attente était longue comme un chemin de croix et mon cerveau se déconnecta du reste du corps pour intensifier son auto-réfrigération – c'est bien connu. Devant la femme du boulanger, qui était loin d'être une frivole, je décidai d'abandonner le pain aux fruits et annonçai gaiement : « Oh allez, mettez-moi une fouace ! »

Je connaissais déjà les fouaces et je n'aimais pas ça. Je ne savais même pas pourquoi j'en avais acheté une, ça coûtait les yeux de la tête et ça intéressait surtout les touristes. Sur le chemin du retour, mon cerveau se reconnecta petit à petit, en commençant par la partie dédiée au bon sens, et je m'aperçus que je n'avais pas respecté la liste de courses. Un homme est bien placé pour savoir qu'on n'entrave jamais la liste de courses. C'est le genre d'erreur qui peut vous coûter la vie, ni plus ni moins ; mais ma femme adorait les fouaces, aussi ne m'en sortais-je pas trop mal.

J'arrivai chez moi en même temps que ma sœur et son museau de souris.

- « Mais tu es là toi ?
- Bah… tu vois bien que oui.
- Tu t'es annoncée avant de débarquer ?

- Oui, j'ai appelé ce matin pour passer vous voir. Peut-être que c'est la communication interne qui s'est mal faite... »

Elle sourit et vit le paquet que j'avais dans les bras.
- « Ah mais t'étais parti à la boulangerie ? Ah pardon si j'avais su, je serai venue plus tard. Non vraiment, je...
- On va partager avec toi, évidemment. Fais pas ta gênée.
- Je voulais juste être polie.
- Polie et poilue, ça fait beaucoup pour une seule femme...
- ...!
- Allez c'est bon, viens manger, c'est de la fouace !
- De la fouace ?... heeeeuuuurrrk ! »

Elle se mit le doigt dans la bouche et tira la langue. C'était définitivement une petite gamine de rien du tout. De rien du tout. A peine avait-elle eu onze ans d'âge mental. J'en étais arrivé à penser que jamais elle ne grandirait et que toujours elle resterait à la jonction entre l'école primaire et le collège. Ma femme arriva de la cuisine, fraîche comme l'herbe coupée : « De la fouace ?! J'adore ça, moi ! ». Et elle se passa la main dans les cheveux pour montrer qu'ils étaient soyeux.

- « Pourquoi t'as acheté de la fouace, mon chéri ? Je croyais que t'aimais pas.
- C'est vrai, je n'aime pas.
- Alors pourquoi ?... Oh ! C'est pour moi que tu l'as achetée, c'est ça ?

- …oui, c'est ça.
- Oh mon chéri, merci, fallait pas…
- De rien, ça me fait plaisir parce que je t'aime. »

J'entendis ma sœur grommeler des gna gna gna tandis qu'elle se servait un litre et demi de lait. J'avais bien le droit de jouer la carte du chevalier blanc ; que l'homme qui ne l'a jamais eu dans sa donne me colle un pain aux fruits.

Mon ami cancérologue, Garcimore de son nom de famille, me contacta quelques jours plus tard. J'étais en réunion et dus sortir en m'excusant aussi platement qu'un dessous de plat, c'était mon médecin, je ne pouvais pas le faire attendre, il avait quelque chose d'important à me dire. A grand renfort d'exclamations et d'onomatopées, il m'expliqua qu'il avait appelé la star des chirurgiens mais que, malheureusement, la star était overbookée. Je devais donc attendre un peu. Quoi qu'il en fût, je devais m'estimer chanceux d'avoir ce chirurgien. J'avais certainement une bonne étoile. Oui, parce que c'était un grand, un très grand, toujours très occupé, Garcimore m'avoua qu'il avait joué des pieds et des mains pour avoir un rendez-vous avec lui.

Je n'eus pas à le complimenter ; il s'en chargeait bien lui-même et je l'entendais frétiller de plaisir à l'idée d'avoir dégoté un créneau avec la perle des perles des blocs opératoires. Il n'en restait pas moins que le chirurgien ne m'avait toujours pas contacté pour me donner ces foutues disponibilités.

On allait m'opérer au Centre Hospitalier Universitaire de Nantes, mais le chirurgien me donnerait tous les détails ; ou bien le chir', comme disait le cancérologue pour montrer qu'il maîtrisait bien les abus de langage du corps médical. Le chir' allait donc me contacter et j'allais en savoir plus avec lui – dès qu'il aurait dégainé son téléphone, en fait.

Garcimore me souhaita une bonne journée et retourna diagnostiquer des cancers aux uns et aux autres. En raccrochant je ne pus retenir un gloussement ridicule, j'imaginais le cancérologue jouer des pieds et des mains, habillé en clown, faire tout et n'importe quoi avec le tambour qui ratadam ratadam au moment du saut périlleux, tout ça pour amuser la perle des perles des chir' qui tapait dans ses mains en disant bravo, bravo pour le clown !

Un collègue passa sa tête par la porte de la salle de réunion. Il eut l'air étonné de me voir en train de rire seul, et arborait les yeux globuleux d'un crapaud ébaubi. Soit.

Les journées passaient, se ressemblaient et je désespérais d'avoir un appel du chirurgien. Parfois, j'hésitais à l'appeler moi-même. C'était une grosse opération et, si je jouais les charlots devant mon public, en secret je gardais le pragmatisme du directeur d'usine : il fallait le cacher avec adresse mais, au travail comme chez moi, j'étais obsédé par la planification claire des choses et le respect des délais.

Allais-je être hospitalisé ? Quand serait-ce ? Pendant combien de temps ? Fallait-il être à jeun au matin de l'opération ? Était-il envisageable d'entrer à l'hôpital la veille au soir et d'en ressortir avant quatorze heures afin de ne pas être en retard en réunion ?

Mais quand j'hésitais à appeler mon chir', je me ravisais en me disant que j'allais passer pour un marteau. On m'avait tant vanté ses mérites que je m'étais retrouvé dans la position de la jeune blonde qui n'ose pas appeler l'homme qu'elle désire et que tout le monde convoite, de peur de passer pour une furie.

J'attendais. Je compris comme le temps peut paraître long pour les jeunes blondes.

J'essayais de penser à autre chose. Au travail, c'était facile. Il y avait toujours un problème à régler, un projet à faire avancer, un incapable à rabrouer. Je faisais du zèle dans les innovations fonctionnelles et architecturales de l'usine. Comme je l'ai dit, j'étais du genre high-tech. Chaque jour avait sa nouveauté. J'écopais les magasines de mobilier de bureau et les pleurs de ma secrétaire, malheureuse de devoir changer son vieil ordinateur dans lequel elle avait toutes ses habitudes pour un portable avec un écran de quasiment cent mille de pouces.

Au bureau, ç'allait. C'était plus difficile à la maison. Je redoublais d'attention envers ma femme pour ne pas gamberger sur mon pancréas, ou sur cet imbécile de chir' qui ne donnait pas signe de vie. Le temps allait peut-être me rattraper avant que l'opération ne débute. Et si je mourais avant ? Quelle connerie ce serait. Quelle connerie ç'aurait été. Le temps allait bientôt rattraper ma femme, en tout cas, et il fallait organiser une fête pour son anniversaire. J'étais heureux d'avoir quelque chose à faire, pour passer le temps. Ma sœur se proposa comme guide spirituelle un samedi après-midi.

- « Je t'emmène en ville.
- A Nantes ?
- Bah oui, c'est-à-dire que Bouguenais c'est pas vraiment le lieu de tous les achats.
- T'as une idée de cadeau ?
- Non. C'est toi le mari.
- Merci le guide.
- Oh, la barbe. »

Ah, le centre ville de Nantes. Nous partîmes de Commerce et remontâmes la rue Crébillon. C'était le temple de la consommation bourgeoise, une seule rue pour toute la ville, des grandes marques, de la qualité, des salons de thé pour les pauses, pas un pantalon à moins de soixante euros. Dans cette rue Crébillon, il y avait tout.

- « Je suis sûr que mon chirurgien s'habille là.
- Qu'est-ce que t'en sais ?
- Je le sais parce que c'est un con. »

Ma sœur arrondit ses yeux pour montrer qu'elle n'avait pas compris. Mais moi... j'étais sûr qu'il achetait ses fripes dans la rue des bourgeois, dans cette rue précise, où les fausses précieuses déambulaient, riaient à gogo, mangeaient des bichons au citron et venaient claquer le salaire de leur mari. Voilà la vérité.

« Quand même elles sont plus belles à Nantes » murmura ma sœur. Je lui demandai de quoi elle parlait. « Des femmes » et elle entama un discours interminable où je la vis transpirer de chaleur et de verve. Les femmes, à Nantes, elles étaient plus classes, plus sobres, voilà pourquoi elles étaient plus belles, elles étaient minces et mieux habillées, ça se voyait qu'elles avaient les moyens de s'occuper d'elles, d'aller chez le coiffeur, chez l'esthéticienne, encore un marché qui devait être bien développé, sans compter leur budget vêtements qui devait être colossal au vu des prix sur les étiquettes et des tissus moirés sur leurs frêles épaules.

« Moiré, j'ai jamais compris comment on pouvait aimer les tissus moirés. »

Ça n'avait rien à voir avec les collégiennes californiennes en pantalon troué. Parce qu'en Californie, elles achetaient des pantalons neufs et ensuite elle les découpaient aux ciseaux, d'ailleurs c'était une peine, pour ne pas dire un scandale, ma sœur les avait vues faire à Sacramento et elle avait aussi croisé ces paysannes kazakhes qui étaient couvertes comme des moines sous des monceaux de tissus aux mille et une couleurs du jour, avec des joues si rouges et si grasses qu'on aurait dit des matriochka. Alors ma sœur, elle pouvait le dire : les nantaises étaient plus belles.

Je dus lui mettre un gâteau dans la bouche pour qu'elle fermât son clapet. « En arriver à des extrêmes pareils avec sa propre sœur, c'est une peine pour ne pas dire un scandale. »

Ce jour-là, il faisait chaud et le salon de thé était plein comme un œuf ; ça gargouillait de nantais nantis qui venaient s'y rafraîchir le gosier. Avec sa religieuse au chocolat et son verre de lait froid, ma sœur se taisait enfin. Il n'y avait pas beaucoup de bruit hormis les cliquetis des cuillères dans les tasses et je pus presque entendre l'intégralité des propos racistes de la table d'à côté, où trois vieilles femmes suçaient des berlingots en se gargarisant de Perrier.

Au sortir du salon, ma sœur eut enfin une idée de cadeau ; je ne sais plus ce que c'était mais nous fîmes chauffer nos semelles pour le trouver. Les échecs s'accumulèrent et nous dûmes traverser le centre-ville en long, en large et sur la fin de travers – avec un léger boitement dû à la fatigue – à la recherche du diamant vert des cadeaux. Il restait introuvable. La journée fut longue... et en désespoir de cause, j'achetai finalement un bijou. Je ne sais plus quel bijou exactement, mais je sais qu'il m'en coûta deux cent dix euros et quelques peccadilles de cents. Je sais aussi que ça n'est pas très classe de se souvenir du prix et non de ce que l'on offre, mais bon.

Quelques jours plus tard, ma femme eut vingt-sept ans. Le dîner s'annonçait fameux et les invités pullulaient avec leurs grands sourires et leurs habits qui débordaient de joie et de mode. Ce même jour, le chirurgien me téléphona. Il passa rapidement les présentations et m'annonça une bonne et une mauvaise nouvelle. A-t-on idée de jouer à l'ascenseur émotionnel quand on est médecin. Déjà, lui, je ne l'aimais pas ; je l'avais attendu comme une bretonne attend son marin et aujourd'hui qu'il m'appelait il n'était pas vraiment poli. Il était hautain et parlait vite, il laissait entendre qu'il était constamment overbooké et que c'était quasiment me faire une fleur que de m'ouvrir le ventre.

- « Je commence par quelle nouvelle ?
- Comme vous voulez (qu'est-ce que ça peut me foutre, imbécile de con de chir' ?).

- J'ai un nouveau créneau pour votre opération. Une semaine plus tôt que prévu. Je sais que ça vous laisse une semaine de moins pour vous préparer, régler tous les détails et tout le toutim.
- Plus tôt que prévu ? C'est-à-dire ?
- Eh bien oui, une semaine plus tôt que la date dont nous avions convenu ensemble.
- Mais on n'avait pas convenu de date.
- Ah… merdum, il vous a pas prévenu ?
- Mais qui !
- Votre cancérologue, je l'avais mis au courant d'un créneau à la fin du mois.
- …
- Quoi qu'il en soit on s'en moque puisque ça a changé ! Ah ah ! Une semaine plus tôt que prévu, qu'est-ce que vous en dites ?
- Mais, je ne sais pas, ça tombe quand ?
- Écoutez, je ne peux pas vous forcer mais il faudrait vraiment qu'on prenne ce créneau.
- Mais ! Ça tombe quand !
- Eh bien ça sera le… attendez je regarde sur mon palm… eh bien dans huit jours.
- …!
- Oui, c'est peu court mais ça vaut le coup, croyez-moi.
- Huit jours…
- C'est ça, ça tombe vendredi prochain, l'après-midi.

- Ce…c'est un peu précipité non ?
- Écoutez, je sais que ça vous laisse un peu moins de temps mais tout sera prêt.
- Mais je dois préparer l'usine, donner des directives pour mon absence.
- De quoi ?
- Je dirige une usine, je ne peux pas partir quand ça me chante. Huit jours, sachant qu'on est vendredi, ça laisse cinq jours de travail. C'est pas beaucoup ça, c'est pas…
- J'aimerais que vous me fassiez confiance. Mon conseil : faites une fleur à votre pancréas ha ha !
- …
- Excusez-moi, j'étais peut-être à la limite du mauvais goût.
- (Je vais te faire la peau, imbécile de con, on verra si c'est de mauvais goût)…
- Alors, on le prend ?
- …
- Faites-moi confiance.
- Bah d'accord, qu'est-ce que vous voulez que je vous dise.
- Super, allez je le note.
- Mais ça c'était quelle nouvelle, je veux dire c'était la bonne ou la mauvaise ?
- C'était la mauvaise, pardi !
- Et la bonne ?

- Eh bien, c'est la même en ajoutant que plus on vous opère tôt, plus vous avez de chances de guérir. En un sens c'est quand même une opportunité formidable. On a pris la bonne décision, avancer l'opération ça augmente considérablement vos chances. »

Pourquoi avancer d'une semaine augmentait-il considérablement mes chances ? Mes chances de quoi ? De survivre ? Comme si mon pancréas allait mourir d'ici une semaine. Ce chir' était vraiment un con, je l'aurais étranglé avec son fil s'il n'avait pas été au bout. Je raccrochai et retournai au salon. La pléiade d'invités s'y gavait de pain-surprises comme l'oie grasse à l'approche de Noël.

Les seules personnes à être au courant de ce que j'avais étaient : ma femme, ma sœur et moi-même. Mon père était là, à raconter des conneries et à coucher des verres, et nous approchions de l'heure fatidique où c'était le verre qui allait le coucher. Il allait bientôt partir dans la chambre d'amis pour se reposer un peu et nous ne le reverrions que le lendemain matin. Il rentrerait chez lui aux aurores et s'arrêterait au marché pour s'acheter quelques légumes parce que : « L'important, c'est la santé. »

J'avais acheté deux guirlandes de fleurs pour décorer, l'une en lys et l'autre en marguerites. Ma femme était contente du geste, de l'ambiance et de la patience de sa famille envers mon père. Ce dernier racontait comment il avait tué un requin à mains nues. Il avait dû s'exiler sur une île quelconque dans l'espoir de sauver ses miches du gouvernement qui le cherchait pour lui faire cracher tout ce qu'il savait sur la bombe. Bien sûr, on ne savait pas de quelle bombe il parlait, mais moins on en savait, mieux ça valait. Il n'aurait pas fallu que le gouvernement se mette à nous chercher, nous aussi.

En tout cas, tuer un requin à mains nues n'était pas du gâteau, il en avait bavé et l'animal se débattait de toutes ses forces mais que voulez-vous, il fallait bien manger alors il avait dû dézinguer la bête et la ramener sur la plage. Les gens du coin étaient impressionnés, ça faisait bien, c'était viril et puis c'était pas tous les jours qu'ils en voyaient des aussi gros.

Il eut une quinte de toux et s'auto-surenchérit avec l'histoire du douze décembre ; ça se passait toujours un douze décembre mais l'année changeait. C'était une histoire qu'il aimait bien raconter et qui épatait toujours la galerie même si personne n'y croyait vraiment. Ce jour-là, il sentait qu'on le suivait dans la rue. Il rentra chez lui et ferma tous les volets, toutes les portes. Il décrocha le téléphone et juste avant de composer le numéro il entendit comme quelqu'un qui raccrochait. Il reposa alors le combiné et lui ouvrit la carcasse. Il y trouva un petit mouchard. Bien sûr mon père, l'aventurier de haute voltige, réduit l'émetteur en miettes avant de tout balancer aux ordures.

En général, les gens n'y croyaient pas. Ils se rendaient bien compte qu'il n'y avait aucun rapport entre le mouchard et le bruit de quelqu'un qui raccroche – France Télécom faisait déjà assez mal son travail sans qu'on l'accusât de placer des émetteurs espions dans les combinés de ses clients – et puis c'était pas la RDA. Mais le doute subsistait toujours. D'où venait cet émetteur ? Les gens ne savaient pas que mon père mentait comme un malade. Ils ne savaient pas qu'il n'y avait ni émetteur, ni bombe, ni requin. La seule chose de vraie était sa toux.

IV

Comme je l'ai écrit plus haut, nous n'étions que trois à savoir que j'avais un cancer. Personne d'autre ne savait, ni mon père, ni mes collaborateurs. Je ne voulais pas que ça se sache. Je ne voulais pas qu'on cherchât à m'aider, ni qu'on me sourît tristement. Je balançai entre la fierté de m'en sortir seul et la peur de la pitié des gens. Ces deux sensations se mêlaient dans ma tête ; au final, c'était un beau bordel. Je mettais du temps et de l'énergie à m'y retrouver, parfois je sortais la tête de l'eau et je me disais : « C'est normal de se faire aider ». Mais dans ces moments-là, je tombais nez à nez avec un con et ma réflexion repartait de zéro.

Parce que dans ce genre de situation, il y a deux types de personnages : d'abord, il y a ceux qui lancent des onomatopées incontrôlées pour souligner le pathétique qu'ils ressentent. Ce sont les gens qui mettent la main devant leur bouche quand ils regardent le JT de 20 h en se gavant de spaghetti, et qui changent de chaîne toutes les minutes pour ne pas rater le début du concert de Johnny rediffusé sur TF1. Ils ont pitié du malheur des autres et terminent leurs discours par : « Quand même, le(s) pauvre(s) ». Les inondations, les massacres, la situation de la Belgique, quelle peine, quelle tristesse, quel chamboulement dans leurs petites têtes. Mais ils savent qu'ils n'y peuvent rien et qu'ils doivent penser à autre chose. Sinon, ça les bouffe. Alors ils se contentent de verser une larme trop salée pour être surprenante et ils passent à autre chose.

Et puis, il y a ceux qui comprennent et qui veulent agir, dans la bonté, dans le désintéressement, dans le don de soi. Ces gens-là sont les pires. Ils ne revendiquent pas leur ressenti, ils ne font pas de fioriture. Ils sont de la meilleure volonté qui soit, c'en est écœurant de gentillesse. C'est énervant parce qu'ils sont forts dans la douleur alors que soi-même on est faible. Les pires des pires sont ceux qui veillent dans la discrétion, comme des anges gardiens ; un soir vous croyez que vous allez mourir et une heure après vous vous retrouvez à pleurnicher dans leurs bras, et eux de dire : « Laisse-toi aller, ça te fera du bien. Tu sais, c'est normal de craquer, tout le monde craque. »

Moi, je n'étais pas comme tout le monde, je ne voulais pas craquer. Moi, je voulais m'en sortir seul. Moi, moi, moi, je n'avais besoin que d'une opération, pas d'un suivi psychologique. J'étais fort. J'allais traverser cet épisode de ma vie et j'allais le faire traverser à ma femme sans prendre la main de mon prochain. Elles étaient bonnes, leurs intentions, mais la mienne était de ne pas faire appel aux leurs.

Ma sœur, c'était un cas particulier. Elle était au courant parce qu'il fallait quelqu'un pour aider ma femme. Ma blonde ne vivait pas bien ma maladie et j'avais beau la rassurer, elle restait là, inquiète et silencieuse, mélancolique et pénible. Quand nous étions tous les deux, elle ne quittait pas ce sourire triste. Elle était possédée par la sale Joconde, la vilaine, la mal peinte. Je comprenais – j'essayais – mais ça me faisait bizarre de la voir me regarder comme si elle me savait condamné.

Elle montrait une résignation courageuse, comme dans ces films où une femme se dévoue corps et âme à son mari et puis il meurt, alors elle se retrouve seule et doit refaire sa vie. Mais la pauvre bonne femme ne sait rien faire, elle a passé sa jeunesse à prendre le thé avec ses amies et à tricoter des pulls. Les péripéties se succèdent et elle finit par se jeter à l'eau, avec tout le courage du monde dans ses bras. Elle trouve un boulot minable et elle s'en sort mal jusqu'au jour où elle trouve un autre homme qui tombe amoureux d'elle et qui la sort de sa merde en l'épousant. *That's all folks !*

Je n'étais pas encore mort, je n'étais même pas censé mourir, alors je ne comprenais pas pourquoi elle était si inquiète. C'était parfaitement nul et ça m'agaçait. D'ailleurs, depuis que je savais la date de mon opération, tout m'agaçait. Tout, le soleil qui se levait et se plaçait juste sur mes yeux, les journées de travail qui n'en finissaient pas, mettre la table, la voix-off des documentaires d'Arte... les chemises aux innombrables boutons... l'eau de la douche qui met une heure à devenir chaude... parfois j'agressais les gens dans la rue quand ils me bousculaient : « Vous ne pouvez pas faire attention ?! »

J'étais devenu un con irritable. Parfois, même, je m'irritais moi-même.

Le pire était à l'usine, parce que j'avais du pouvoir. J'en renvoyai certains sur de simples coups de tête parce qu'ils me l'avaient prise. C'était mauvais d'avoir du pouvoir. Certains l'apprirent à leurs dépends, notamment un employé du service qualité qui passait son temps à téléphoner à sa femme. Je fis imprimer la liste de ses appels mensuels et la jetai sur son bureau, accompagnée d'un petit mot de remerciements. D'autres suivirent, sur le même modèle, mais je gardai celui qui passait ses soirées sur des sites pornographiques. Celui-là, c'était le numéro gagnant du tiercé des cochons.

Sans doute n'avait-il pas Internet chez lui ; ou alors une femme insupportable. Peut-être qu'elle lui tombait sur le râble dès qu'il passait le pas de sa porte :

« Pourquoi tu rentres aussi tard ?! Et les enfants, je les élève toute seule ?! Le repas est froid, faut le passer au micro-onde. Et puis pourquoi tu rentres à cette heure, hein, t'étais avec qui ??

J'étais au travail.

C'est ça, me prends pas pour une conne. T'étais avec une fille, hein ? Je te plais plus, c'est ça ? Il t'en faut une plus jeune, une plus belle, une avec de plus gros nichons. »

Sous le coup de la fatigue, il répondait sans doute :

- « Une qui se la ferme.
- Fais bien gaffe ! Je vais divorcer si ça continue ! Pour qui tu me prends, je suis juste la bonne à tout faire ?! Tu crois pas que je mérite un peu plus de considérations ?! Tu me trompes à tour de bras, j'en suis sûre ! Fais gaffe, je vais te quitter un jour et tu reverras plus jamais les gamins ! »

Quoi qu'il en fût il restait à l'usine des heures après l'arrivée de l'équipe de nuit et se donnait du plaisir solitaire, comme le gros sale qu'il était. Mais il travaillait bien, et ses résultats étaient irréprochables. Et surtout, j'eus vent de cette histoire après en avoir expédié suffisamment pour être rassasié.

Mais la véritable raison pour laquelle j'étais énervé, je m'en rendis compte plus tard, était de devoir partir à l'hôpital dans la précipitation. J'avais des responsabilités, des gens me faisaient confiance, et du jour au lendemain je devais leur annoncer que je partais pour un petit moment. Quand on fait vite, on fait mal. Ça m'énervait.

Pourtant, j'avais plutôt de la chance d'être opéré un vendredi après-midi. Je me disais que j'allais pouvoir sortir à la fin du week-end et retourner rapidement auprès des ouvriers. C'était ma consolation : savoir que je ne les quittais pas pour longtemps. Alors, je préparai mon opération aussi bien que je pouvais avec le temps qui m'était imparti. Comme un néophyte consciencieux, je listai les choses à faire. Je ne savais pas tout à fait quoi, évidemment, c'était la première fois et ce n'était pas ce qu'on m'avait enseigné à l'école.

Une phrase m'obsédait : « Qu'est-ce que j'oublie ? » Une seule phrase qui me revenait en tête à chaque fois que je partais me coucher. Je passais dix minutes à me refaire la journée, à revoir les gens que j'avais vu, à redire les choses que j'avais dites. Que restait-il à faire avant vendredi, combien de jours ? Déjà lundi, déjà mardi… et je m'endormais tandis que ma femme priait sa grand-mère que l'opération se passât bien.

Ça peut vous paraître étrange de prier une personne qui a priori n'a aucune compétence pour veiller sur vous mais ma femme croyait dur comme fer que son aïeule gardait toujours un œil sur sa descendance – l'autre ne quittait pas sa partie de cartes, et fallait pas tricher.

L'aïeule avait un pouvoir de bienveillance sur ma femme ; elle en était sûre. Pour ma part, j'étais sûr qu'il fallait y croire pour que ça pût marcher et comme ma moitié y croyait pour deux, ça devait aussi marcher pour moi. Sa grand-mère avait l'éternité pour profiter de l'endroit où elle avait atterri après sa mort et pour passer le temps : elle veillait sur nous. Pas tous les jours, bien sûr, elle devait bien se taper des bosses de rire avec ses copines en battant les cartes ; mais au royaume des morts, on a du temps alors il faut diversifier ses activités. Elle devait faire un peu de sport, sans doute, et puis elle veillait sur nous, mais ça n'était pas gratuit et il fallait prier.

Moi, je me tournais sur le côté, sur le ventre, je transpirais. Ensuite, quand mon corps devenait trop fatigué pour bouger, je m'endormais.

Déjà lundi, déjà mardi… j'avais annoncé à ma secrétaire que j'allais prendre mon vendredi après-midi mais on me demandait des comptes. Je pris le parti de mentir effrontément. C'était immoral, comme toujours, mais personne n'était censé savoir ce qui se passait dans mon ventre ; le ventre est l'une des choses les plus personnelles au monde, toutes les mères vous le diront. Je décidai donc de mentir – ça n'était pas la première fois.

Je savais que je ne pourrais pas cacher le fait d'être hospitalisé. J'aurais pu croiser des amis, des élèves de ma femme, n'importe lesquels des gens qui travaillaient avec moi. Nantes et ses alentours regorgeaient de connaissances ; tous les illustres inconnus dont j'avais croisé la route – ou qui avaient croisé la mienne, selon la priorité du moment. J'allais me faire hospitaliser et je ne pouvais pas le nier.

L'opération du grain de beauté fut une bonne alternative. Avec cette histoire, je pus dire que j'entrais au CHU le vendredi et que pour éviter les complications j'y restais couché jusqu'au mardi. J'étais en arrêt maladie, voilà tout. Rien de bien grave, non, un grain de beauté. Je n'en avais pas mais personne ne connaissait le dessous de mon aisselle. Je l'avais choisie parce que je savais qu'on n'irait pas vérifier ; les gens ne s'intéressent qu'aux endroits qui sentent bon.

Je tenais mon alibi et j'en étais assez fier. Je le trouvais rondement mené et avec l'aide de ma complice, que j'avais mise dans mon lit pour qu'elle n'eût jamais l'envie de me trahir, j'aurais pu berner la Terre entière. Hormis les voyantes, les dieux et les magiciens ; mais ces gens-là savent tout, ça ne compte pas.

A l'usine, je prévins le premier de mes inférieurs hiérarchiques. Il réprima un sourire comme si c'était le plus beau jour de sa vie mais qu'il devait le cacher par bienséance. Il avait toujours été très sûr de lui et j'avais bien compris qu'il me caressait avec assiduité dans l'espoir de prendre ma place à la direction. Je n'y prêtais pas attention parce que je venais d'arriver au poste et que je ne comptais pas le quitter. Mais ce sourire masqué me montra la complexité du moment. J'allais lui laisser mon usine dans les mains, mon joujou, j'en étais vert de rage et à mon tour je souriais par bienséance. J'eus envie de guérir, rien que pour lui montrer qui était le chef.

Mais si je ne guérissais pas ? J'allais guérir, bien sûr, ça n'était pas possible autrement. C'était juste que... le sourire de ce clown, de ce joueur de fifre, me laissait perplexe. Ça faisait remonter des inquiétudes et tomber des gouttes de sueur, ça entassait un tas des monstres sous mon lit et je n'en avais vraiment pas besoin, pas maintenant. Je perdais peu à peu le contrôle de mon assurance, pas maintenant.

Je dois bien avouer que depuis l'appel du chirurgien, j'étais pris de moments d'angoisse. J'étais calme, l'instant d'après je devenais blanc. J'étais posé, l'instant d'après je tremblais comme si je m'étais fait une intraveineuse de taurine. J'allais aux toilettes, je passais mes mains sous l'eau, et je retournais dans mon bureau ou sur les lignes de production pour faire mon travail. Je devais faire mon travail, tout le monde faisait son travail. Je n'allais pas m'arrêter pour un petit cancer.

Ces chutes, ces irruptions de peur, je les subissais. Elles n'étaient pas fréquentes – encore que je ne pusse pas les chiffrer. Deux, trois fois par jour à l'usine ou dans la rue. Plus souvent quand le joueur de fifre faisait le malin. A la maison par contre, à la maison je n'avais pas peur. Je regardais ma Joconde de femme et je m'énervais : je n'avais pas le temps d'avoir peur.

Je viens d'écrire que j'avais une complice ; c'est faux. J'en avais deux. En plus de ma femme, il y avait évidemment ma sœur. J'ai déjà expliqué pourquoi et puis, c'était la famille. Je l'avais perdue longtemps lorsqu'elle était partie batifoler par monts et par vaux et ça m'aurait fait mal au cœur de la savoir loin encore une fois. Elle était au courant depuis le début. Une sensation bizarre et stupide me donnait l'envie de lui faire des confidences ; chose à laquelle je n'arrivais pas à me résoudre : j'étais un homme. J'étais un homme avec un cancer, de grosses colères et des crises d'angoisse, mais quand même un homme.

Pourtant, quelque chose que je ne maîtrisais pas me poussait vers elle, comme un fan au concert de Tokio Hotel, qui se retrouve dans la fosse et qui est poussé contre les rambardes alors qu'il n'a rien demandé. Il est comme ça, pris entre des vagues humaines, il sent l'odeur des autres, il touche leurs t-shirts sérigraphiés et il crie « arrêtez de pousser » mais personne ne l'entend alors il est projeté, il avance au rythme des vagues, il voit la barrière de sécurité qui se rapproche ; elle est tellement près maintenant qu'il peut la toucher. A la vague suivante, sans qu'il ait rien pu faire, il est propulsé dessus.

Ça y était, j'étais nez à nez avec ma sœur.
- « Qu'est-ce que tu voulais me dire ?
- …non rien.
- Bah si, vas-y.
- En fait je… c'est par rapport à l'opération. J'ai un peu, enfin pas peur mais disons que j'appréhende.
- Mais c'est normal, ça.
- Oui, enfin. C'est juste que je sens que je peux pas en parler, ça se fait pas, tu vois ?
- C'est clair, les gens costauds comme toi ils ont jamais peur.
- J'ai pas dit ça, c'est juste que… enfin j'en sais rien.
- Allez, c'est normal que tu appréhendes. Mais ça va bien se passer. Et puis tu sais… »

Ma sœur se montra patiente, attentive et sa réflexion dépassait la fatalité des tragédies grecques. Je pouvais guérir, rien n'était écrit nulle part. Je me sentis soulagé.

Je me sentis soulagé, certes, mais mon cas ne s'améliora pas en une heure. J'avais toujours l'impression d'être seul à supporter une usine, une femme et un cancer. J'avais avoué mes petites frayeurs et je m'en voulais un peu. Ma sœur m'offrait son aide gentiment ; je m'en voulais de l'avoir demandée.

« Dans certains pays, ils croient au destin. Par exemple en Inde, ils se disent que tout ce qui t'arrive était censé t'arriver. En un sens c'est pas mal, tu peux rien regretter ni pleurer parce que ça devait t'arriver. Ou ne pas t'arriver, c'est selon. Un jour quelqu'un est venu vers moi, c'était... merde, dans quel village. Bon c'est pas grave, c'était avant que j'arrive à Bombay, de toute façon c'est plein de villages en Inde. Il est venu me voir parce qu'il trouvait ça rigolo les touristes. Ça devait lui faire plaisir de parler de son pays. En tout cas il m'a dit que c'était le destin qui avait fait de lui qui il était. Et que c'était pareil pour tout le monde, intouchables ou pas. Il avait beaucoup travaillé toute sa vie et il avait toujours été heureux. Il avait un bon destin ! »

Elle continua : « Ah ! Moi, je veux bien. En Inde ça leur va comme ça mais chez nous, le destin ça marche pas. Les discours du genre c'est Dieu qui a voulu ça pour moi alors c'est mieux ainsi, c'est des excuses. Eux ça les dérange pas parce qu'ils ont grandi avec cette certitude, mais nous, notre société, ça repose sur une structure logique. On est cartésien et puis c'est tout. Si tu te bats et que tu échoues, c'est pas le destin. Si tu te bats correctement, il n'y a pas de raison que tu perdes. Si tu perds, c'est qu'il y avait plus fort que toi. Alors tu vas te battre et tu vas guérir. »

En parlant, elle avait la force d'un rocher. Malgré son air de souris et sa vie de manouche, c'était un roc, Monaco faisait profil bas quand elle passait, un sac équitable à la main et une queue de cheval au bout du crâne. J'étais fier d'avoir une sœur comme ça. Elle était sans doute bien plus courageuse que moi. Elle était formidable.

La journée du mercredi se passa relativement bien malgré un problème interne. Le matin déjà, je sentais bien que mes tripes dansaient la farandole. Au réveil, je dégageais une odeur pestilentielle par des pets successifs tandis que ça gargouillait à loisir en mon for intérieur. A l'usine, ça devînt nauséabond ; je passai plus de temps aux toilettes qu'à mon bureau et aujourd'hui je peux dire qu'assis sur mon trône, je n'avais rien d'un roi.

A quatorze heures, au créneau de mon agenda où j'avais écrit « réunion ultra importante », j'avais ultra envie de me liquéfier. Je frémis d'angoisse ; je m'assis en bout de table et n'eus rien de l'image de Parrain que j'essayais de cultiver. Les membres de ma famiglia me présentaient leur travail, leurs objectifs, et bla et bla et bla… s'ils les avaient atteints ou non m'était égal, je voyais la réalité en face : j'avais la plus formidable des chiasses et les féliciter sans entrer dans les détails était la seule façon d'écourter la réunion.

Quelle journée. Je brisai toutes les règles de conduite que je m'étais fixées, la franchise, la patience, le perfectionnisme, même de rabattre le caquet au joueur de fifre. Rien de tout ça. Je m'étais contenté de bramer « tour de taaable ! » et d'hocher la tête pour certifier de mon approbation.

Afin de pallier mon caprice biologique, je pris un millier d'ultra levures. Le temps passait vite et il ne s'arrêtait pas sur les mauvais moments, c'était déjà ça.

Déjà jeudi soir et j'espérais du fond du cœur que je n'oubliais rien. Je rentrai chez moi sous la bruine nantaise et les gens que je voyais par le pare-brise avaient l'air d'être tristes. J'en étais sûr : ils compatissaient à ma situation. Qui leur avait donné une raison de le faire ? Quelqu'un leur avait-il dit que j'étais malade ? Ce petit garçon qui regardait à droite et à gauche avant de traverser, avec ce visage déconfit, qui lui avait vendu la mèche ? Et cet homme d'affaires, dans sa voiture dispendieuse, accablé par ma situation… la colère me prit.

Qui leur avait dit ? Qui aurait pu me trahir ? Merde, à la fin merde ! Il n'y avait plus d'intimité, c'était fini, tout le monde savait. Voilà, tout le monde savait. Quelqu'un leur avait dit la supercherie, ce n'était pas un grain de beauté ! Soit ! Jamais on n'aurait pu me faire avouer. J'aurais nié l'évidence avec la plus grande mauvaise foi de la Terre. Je me garai devant chez moi en faisant crisser mes pneus. Je fracassai la porte en entrant. Ma femme vînt voir ce qui se passait.

- « Qu'est-ce qui se passe ?
- Rien je suis énervé.
- Pourquoi ? C'est l'opération ?
- Ouais c'est ça, ouais ! C'est l'opération ! »

Je me calmai avant de lui sauter à la gorge en hurlant : « Tu m'as trahi, tu l'as dit à tout le monde, les gens, dans la rue, ils me regardaient !! »

Belle présence d'esprit.

Je m'assis sur une chaise. Les crises de colères partaient en général aussi vite qu'elles étaient venues, mais c'était épuisant. C'était une force supérieure, une force mesquine qui faisait germer un moment de doute au fond de mon cerveau, et puis un accès de colère parce que l'homme véritable que j'étais ne savait pas ce qui allait advenir de lui. Ma situation n'était pas sûre, on allait m'opérer. Ç'allait bien se passer, oui, on me l'avait promis : ça n'était pas sûr, voilà tout.

Et puis, ma semaine se précipitait, comme si je payais toutes les fois où j'avais trouvé le temps long. On était jeudi soir. J'avais prévenu l'usine, mes amis, je savais quand j'allais partir et revenir chez moi. Qu'est-ce que j'oubliais ?

Mon père passa son long nez poilu par la porte de la cuisine. Un frisson de haine me parcourut quand il vint s'asseoir à côté de moi, l'air heureux, un bout de pain avec de la soubressade entre les doigts. Il amenait toujours de la soubressade ; toujours mais seulement depuis qu'il se prenait pour un pied-noir. On ne pouvait pas dire qu'il fût souvent chez moi mais les rares fois où il était là, c'était un festival de gestes et de mimiques. Il était plus vrai que nature et j'étais convaincu qu'il se parfumait aux épices à couscous.

Pour peaufiner son rôle, il avait même pris l'accent du là-bas qu'il n'avait vu que sur France 5. Mais somme toute, ça lui allait bien. Mon père avait un côté exotique inhérent, c'était sa première période sur l'Afrique du Nord mais c'était sans doute sa plus flamboyante.

Il n'y avait pas que des avantages, bien sûr, mais que ceux qui ont connu seulement des avantages me jettent la première pierre. Ou une poignée de cumin, ça fera plus vrai. Les doigts de mon père laissaient des traces oranges à force de malaxer sa saucisse et je devais jouer son rôle de père, touche pas les murs, attention tu taches ta chemise/la nappe/tout.

Quelques fois – et pas des moindres – ses récits prenaient une légère teinte extrémiste, pénible. Ça s'emberlificotait, ça s'emmêlait les pinceaux pour se justifier, parce qu'il disait des conneries et qu'il n'avait jamais été comme ça. Mon père était l'un des hommes les plus tolérants de l'univers, voire de France, et quand son personnage prenait le dessus c'étaient des embrouilles à n'en plus finir.

« Ah, les arabes ! tous les mêmes ! enfin, je veux dire, y en a des bons. Enfin, bien sûr faut pas généraliser ça serait trop con, y a des cons en France aussi. Mais bon, ce que je voulais dire, bref, tiens par exemple XXX (ici un nom algérien qui changeait à chaque fois) eh bien il a travaillé toute sa vie et pour quoi ? des clopes, que dalle ça oui. Tandis que son voisin de palier, YYY, quelle crapule, il a jamais rien branlé de toute sa vie ! et il touchait la même somme ! »

Je lui dis de ne pas salir la télécommande de la télévision.

« Ce qui me plaisait à Alger, c'était ce sentiment de liberté. J'étais un gamin, pas plus grand que ça tu vois, et j'étais le roi du monde. Les Américains m'échangeaient des cigarettes contre du chocolat. Alors je volais les clopes de mon oncle, il s'en apercevait pas et heureusement, qu'est-ce que j'aurais pris sinon. Et puis on les apportait aux Américains avec Bahi, mon grand copain ah ! Je viens de m'en rappeler de celui-là, tiens ! »

Qui était donc ce Bahi dont il n'avait jamais parlé ?

« Bahi, de la graine de vaurien, et pas trafiquée hein, du vrai vaurien. Les Américains ils étaient fous de joie, et nous on se tapait des barres et des barres de chocolat. Mais ils étaient durs en affaire, le tarif bougeait pas, si on ramenait pas de clope, on avait pas de chocolat. On avait beau faire des petits yeux d'affamés, ça se voyait bien qu'on l'était pas. On était des Français, ils allaient pas nous donner du chocolat gratuitement. »

Mon père n'avait jamais connu la Seconde Guerre Mondiale. Il n'avait jamais troqué des cigarettes contre du chocolat. Mais qui s'en foutait ? De toute manière, il n'avait jamais vécu en Algérie.

Ce soir-là, la veille de mon opération, je n'avais pas envie d'écouter les histoires du plus grand menteur de la galaxie. Alors j'y coupai court de façon insultante, comme un fils ne doit pas parler à son père. Tous ses mauvais côtés me revenaient à l'esprit, ceux que j'avais triés et oubliés, sa mythomanie, son manque d'intérêt pour les autres, son incompétence en tant que père. Même, je me souvins du jour où il perdît ma sœur dans un supermarché. Et pourtant je n'avais que sept ans. Il avait fait appeler la sécurité en bramant que des agents de la DST avaient enlevé sa fille, il ne savait pas pourquoi mais c'était vrai, le gouvernement en voulait à sa famille. Nous retrouvâmes ma sœur dans le chariot, près des savons. J'avais honte, mon père avait peur, nous étions la risée des ménagères.

Ce jour-là, assis sur ma chaise, les coudes sur la nappe tachée de soubressade, je vécus comme une injustice que mon père fût en bonne santé. En bonne santé physique seulement, mais c'était la santé ; il n'avait pas de cancer, pas de mal au ventre qui l'empêchait de rire, de faire l'amour. Mon père était bien vivant et j'en avais marre de lui, marre de le voir trotter avec ses œillères et ses pompons. J'en étais arrivé à le détester.

Ça devait bien arriver un jour.

À force de raconter n'importe quoi à ses enfants, il avait perdu la tête d'affiche dans la liste de mes héros préférés. Il n'était plus qu'un détail de mon enfance, et même pas au niveau de l'éducation que nous avions reçue. Tout au plus pouvait-on le ranger dans la catégorie « Histoires pour s'endormir ». Le voir en pleine forme, les dents oranges de trop manger, ça me dégoûtait. J'aurais préféré qu'il fût six pieds sous terre, ç'aurait été un souvenir et on ne garde que le meilleur des souvenirs.

C'était ma dernière soirée avec ma femme avant l'opération. Nous savions tous les deux que je n'allais pas l'honorer et que la nuit allait être plus platonique que ce que Platon aurait jamais pu rêver mais la présence de mon père, je la subissais comme un pet coincé dans mes tripes. Il fallait l'évacuer.

- « Pourquoi t'es là ?
- Bah, ça te fait pas plaisir ?
- Pourquoi t'es venu ce soir ?
- Oh, comme tu te fais opérer demain je voulais te souhaiter bon courage.
- …merci. »

Il prit un regard penaud. Je détestais cette expression sur son visage.

- « Non mais je vais pas m'attarder, je vois bien que tu es fatigué. Repose-toi, c'est important avant les opérations. Tu sais, quand on m'a…
- …bref, papa.
- Bon je vais y aller moi, je veux pas causer d'ennui. C'est sous quelle aisselle, déjà, le grain de beauté ?

- La droite.
- Très bien, allez j'y vais. Vous m'appellerez hein, pour me dire comment ça s'est passé. »

Je n'attendis pas que la porte se refermât pour exploser.

« C'est pas possible, il est jamais là mais quand il s'agit de foutre des traces partout, il concourt ! Pourquoi il est pas resté chez lui à regarder Questions pour Un Champion ? Hein ?! Il regarde tous les jours, à se vautrer devant comme un vieux, à trouver les réponses avant tout le monde ! Et ce soir, la blague du mois, il se ramène avec sa saucisse ! A quoi est-ce que ça peut bien servir ? Sa présence de dilettante, putain, y a pas plus inutile que mon père ! »

Ma femme était consternée mais je n'avais pas fini.

« Mentir, ça oui tiens ! Qu'il fasse pas semblant de s'en faire pour moi, c'est pire que tout. Les vieux, de toute façon, faudrait qu'ils cannent, ils coûteraient moins cher. C'est quand même un monde de devoir le supporter alors que c'est moi qu'on opère, c'est pas la soirée à faire des risettes ! »

Ma femme reprit son sourire de Joconde : « Tu ne peux pas lui en vouloir de t'aimer ». Je savais ça, je lui en voulais à tort parce que c'était un pauvre fou et que j'étais fatigué et anxieux. « Pour une fois que c'est toi qui lui mens », ajouta ma femme. Mais la rigolade n'était pas à l'honneur et je le lui fis savoir avec autant de délicatesse qu'un paysan moyenâgeux raclant la bouse de son étable.

Après m'être succinctement calmé, je préparai les derniers détails pour le lendemain. En rentrant de l'usine, à midi, je devrais préparer mon sac pour l'hôpital. J'allais y rester le week-end et pour tuer l'ennui il allait me falloir toute la microélectronique du monde. La Joconde devrait me déposer à quatorze heures, c'était bon pour elle ? Oui c'était bon – et heureusement mais je ne lui fis pas part de ce commentaire parce que même les paysans ont des limites.

La star des chir' ouvrirait la cérémonie et mon corps à quatre heures et demie, normalement, d'après ce que j'avais compris de sa bafouille téléphonique, encore un qui n'était jamais là quand il fallait et qui pointait le bout de son nez au moment où on l'attendait le moins, ça m'énervait rien que d'en parler, il valait mieux ne rien dire…

- « Tu viendras me chercher à la sortie de l'hôpital ?
- Oui.
- Tu n'es pas obligée.
- Mais ça me fait plaisir.
- Merci. »

Je me calmais réellement. Après un silence de mort – qui montrait bien que nous avions tout à nous dire mais que c'était trop difficile – je jouais la carte du tendre :

- « Qu'est-ce que tu vas faire ce week-end ?
- Demain matin j'irai faire les courses. Ça me changera les idées.
- Hmm…
- Et puis avec ta sœur on a prévu d'aller se promener.
- Vous allez faire les soldes ?
- Mais, on est absolument pas en période de soldes.
- Ah bon…
- On va juste se promener. Pour s'aérer.

- Ça s'aère, une femme ?
- Pas drôle.
- Oh ma chérie, ne t'énerve pas…
- Je ne m'énerve pas.
- Je t'aime, moi.
- Moi aussi je t'aime.
- Vous allez vous promener où ?
- On verra bien. Faut qu'on regarde si y a pas quelque chose au cinéma.
- Vous allez grignoter des scones à la Nouvelle Héloïse ?? »

J'avais enfin réussi à lui arracher un vrai sourire. Victoire, je remplissais mon rôle de mari.

« Ça fait je sais pas combien de temps que j'y suis pas allée… »

La Nouvelle Héloïse était un salon de thé à Nantes, mais pas comme les autres où on voyait des touristes et des bourgeois qui trouvaient ça dans le vent. La Nouvelle Héloïse n'était dans le vent de rien du tout. Elle regorgeait de vieilles dames et l'on y servait des scones chauds et moelleux ainsi qu'un chocolat onctueux, épais et gras à n'en plus finir. C'était un bout de paradis près de la place Graslin ; pour s'y sentir bien, il suffisait d'ignorer le regard du troisième âge qui prenait votre présence comme le viol de sa propriété.

Ma femme aimait bien aller à la Nouvelle Héloïse parce que ça lui rappelait les vacances chez sa grand-mère quand elle était petite, la porcelaine, la confiture, les murs molletonnés, la vieillesse en somme.

Je fus bien vite à court de blagues. Ma femme alluma la télévision et changea de chaîne jusqu'à tomber sur la publicité. J'aurais bien aimé passer ce jeudi soir avec ma sœur, mais quel mari aurais-je été ? J'aurais voulu être rassuré par quelqu'un d'autre que moi, mais j'étais l'homme, donc j'étais là pour protéger la femme. Mariez-vous, vous aurez le devoir d'être courageux, mais c'est la vie. Mariez-vous…

Nous passâmes une soirée calme et douce comme la voix de Laurent Voulzy. Ma femme ne parlait pas beaucoup et je lançais des sujets de conversation qui se brisaient sur ses silences telles les vagues sur le rivage de la fin de l'été de l'éternel adolescent qui plaisait aux filles par son côté café au lait.

Je me montrai loquace mais ça ne servit à rien. Je posai des questions sur son travail, complimentai sa peau, sa coiffure, je la brossai dans tous les sens du poil : elle restait là, mélancolique et placide, inerte et végétale.

D'ailleurs, elle partit se coucher tôt. Elle en avait pris l'habitude. Cela lui permettait de ne pas montrer sa mélancolie trop longtemps dans une même journée. Je pouvais le comprendre : quand elle dormait, au moins, elle ne s'inquiétait pas ; elle retrouvait ce visage quasi-parfait qui avait fait d'elle la plus belle femme que j'avais jamais vue de ma vie. Les cernes sous ses yeux s'effaçaient, ses joues reprenaient leur rondeur initiale… elle redevenait comme avant.

Moi, chaque soir, je défiais la fatigue. Je partais au lit quand je me sentais tomber sous mon propre poids. Autrement, je n'arrivais pas à dormir : j'avais mal à l'intérieur. Ce jeudi soir, je le passai là, devant la télévision, à regarder des bêtises avec des stars de pacotilles. Je ne voulais pas être demain alors je restais là, le ventre douloureux de peur et de cancer. C'était le tableau le plus ordinaire du monde, un homme seul avachi sur son canapé de cuir, la télécommande posée sur une cuisse, une main sur le ventre comme s'il se grattait sauf qu'il ne se grattait pas.

J'étais inquiet, et surtout j'étais seul. J'essayais de ne pas comprendre pourquoi ma femme avait fermé la porte de la chambre. On aurait pu faire ça bien, avouer qu'on avait peur tous les deux et que c'était normal ; mais on n'avait pas fait ça bien. Ça n'était pas un soir à aveux, sans doute. Aujourd'hui, je ne sais toujours pas pourquoi nous nous étions comportés de cette façon, à jouer les gamins qui jouent aux adultes, maladroits, imbéciles, mais comédiens. Je me dis que c'est le lot des hommes, je veux dire des humains. Les animaux quand ils ont mal, ils crient ; les humains se taisent, et puis c'est tout.

Lorsque j'eus vraiment mal à l'abdomen, je partis me coucher en traînant un peu mes savates. Je ne pris pas la peine de me mettre en pyjama, pour donner un petit côté Hollywood à ma vie. Ma femme se tourna vers moi et m'embrassa sur l'alliance. C'était à croire qu'elle aussi cherchait à mettre des émotions américaines dans une aventure aussi commune qu'une opération chirurgicale. Finalement, nous nous étions bien trouvés.

Si ma nuit fut longue, le vendredi fut court. C'est à peine si je m'en souviens. Je me souviens du joueur de fifre qui me dit au revoir, avec son sourire de Tête à Claques :

- « Eh bah bon courage ! On vous revoit mardi, c'est ça ?

– Normalement.

– Normalement, normalement... c'est pas très assuré tout ça ! J'espère que vous avez une bonne sécu, haha !

– Haha (j'ai la même que tout le monde, espèce de con) !

– Vous en faites pas, cette usine je vais la bichonner !... comme si c'était la mienne ! »

Le reste de la journée passa si vite que je n'en ai que des bribes fugaces, impossibles à rappeler à l'ordre, comme quand on est pris dans le feu de l'action. J'étais le comédien montant sur scène, l'adolescente se rendant à la piscine un jour de règles, j'étais le chirurgien pourfendant son patient de haut en bas : j'agissais avec rapidité et assurance.

Ce vendredi, je le jouai de A à Z avec tellement de brio qu'au moment de partir de chez moi, je n'eus pas le temps de me demander ce que j'oubliais. J'avais mon sac et ma femme, je pouvais partir, le reste... mon cœur battait la chamade, j'allais à fond des manettes, autant vous dire que je ne m'en rappelle plus. Je n'étais même pas inquiet, je n'avais plus le temps pour ça, j'étais dans l'expectative de quelque chose de formidable, d'une aventure à couper le souffle, d'un renouveau dans mon corps.

Enfin je n'allais plus avoir mal, j'allais retrouver un soulagement à uriner, un plaisir à faire l'amour et un ennui à passer mes soirées devant la télévision. Voilà, j'étais excité en partant de chez moi. Le reste... mon cœur battait la chamade, j'allais à fond des manettes, je ne m'en rappelle plus.

Deuxième partie

I

Et j'étais là, étendu, atonique voire flasque, sur le billard aseptisé du CHU de Nantes. Qui l'aurait cru, franchement, jamais un rhume, jamais un pet de travers ; à moins de trente ans, je me faisais triturer l'intérieur à la recherche des cellules cancéreuses qui en voulaient à ma vie. Quel renversement de situation. Quand j'étais gamin, mon père disait que j'avais une santé de fer. J'étais heureux, j'étais solide comme un roc, j'étais le tigre de combat de Musclor.

Les copains passaient l'hiver à se moucher et à sniffer des gouttes mais moi, non. J'étais tout le temps en forme. « En forme de quoi ? » me sifflait-on. Je les regardais fièrement, je fixais leurs nez rouges qui pelaient. Leurs yeux étaient bouffis et moches. J'avais le corps solide, on ne pouvait pas m'enlever ça. Je buvais un bol de lait chaque matin, je savais que ça faisait du calcium et que c'était bon pour les os et donc pour la santé.

J'avais *une santé de fer*. Ma parole, allongé sur mon billard je pris conscience que ça ne voulait rien dire. Je n'étais pas en fer. J'étais tout mou. Des morceaux de moi partaient sous les ciseaux du chir' ; ça devait être moche à voir et j'étais content d'être endormi. L'infirmier, peut-être dit-on aide-soignant, à moins qu'il ne fût anesthésiste, m'avait fait suivre des yeux un pendule et j'étais tombé dans une hypnose immédiate. L'homme avait pris une voix suave et le parti d'un discours rassurant ;

ensuite, il m'avait hypnotisé afin que la star hollywoodienne puisse faire son office.

Magnifique ! Magnifique ! Venez voir les merveilles du cirque ! Le grand roi de l'hypnose, le plus célèbre envoûteur de la côte ouest, le grand, l'inestimable Ronflard Anesthator ! Regardez comme il vous enjôle ! Vous, monsieur, asseyez-vous sur ce siège ! Relaxez-vous, détendez-vous, laissez agir le grand Ronflard ! Rhooaaa et le lion de rugir en traversant un cerceau enflammé. Venez voir, venez voir ! Tout le monde applaudissait, les enfants surtout. N'êtes-vous pas convaincu ? Qui veut essayer ? Qui veut essayer ? Padoum, padoum, le bruit des pas de l'éléphant sur la piste de sable. Splendide ! Regardez le lanceur de couteaux, comme il est précis, comme il fait ça bien ! Vous, monsieur, mettez-vous sur la roue et ne bougez plus. Mesdames et messieurs, je vous présente le grand, l'inestimable lanceur de scalpels ! Le célèbre Maroufle des Étuves !...

Il m'ôta un bout du pancréas et je crois que ce fut rapide. On sortit le mal de moi en seulement une heure ou deux. C'est que les opérations longues doivent être un calvaire pour les médecins ; bien qu'ils aient une armée d'internes sous leurs ordres. Fais-ci, fais-ça, touche-lui pas l'estomac avec cette pince, ça saigne mets du coton, je te dis de mettre du coton. Je les imaginais couverts de sauce tomate, impassibles et professionnels, tandis que je perdais en substance au gré de leur réactivité.

- « Qu'est-ce qui se passe là, y a du sang partout !
- Je ne sais pas docteur, je ne comprends pas, j'ai cautérisé au petit chalumeau mais ça s'est rouvert.
- Ça pisse, fais quelque chose !

- Je vais le bourrer de coton et recoudre le tout, ça devrait lui faire son affaire.
- Je marche, je te suis à la plomberie.
- Bien docteur !
- Interne Effade, donnez-moi la clé de douze !
- Tout de suite docteur ! »

Tout se déroula parfaitement bien et je remerciai ensuite le Ciel de m'avoir pourvu d'un si bon médecin.

Je remerciai également Hasbro d'avoir inventé le Dr. Maboul, merveille de réalisme et de précision. Mon imbécile de con de star de chir' avait dû pratiquer et il était devenu bon. Aujourd'hui c'était moi, le malade, et j'étais heureux de constater que le docteur ne m'allumait pas le nez quand il bougeait ses outils dans mon ventre béant. Ah, il avait dû pratiquer à l'extrême et il était devenu bon. « Trop bon, trop con » disait ma grand-mère. Je lui aurais donné raison si je l'avais connue.

Le chirurgien fit donc sa chirurgie et tandis qu'on me recousait, je crus l'entendre faire claquer ses gants. Il était satisfait, c'était de bon augure.

Ça n'était donc pas une star pour rien.

Mon réveil fut singulier mais je ne m'en rendis pas compte immédiatement. Ma femme nous le narra, à ma sœur et moi, et elle se fit forte d'utiliser la gestuelle idoine pour donner un peu de consistance à son parler. Elle aurait été capable d'animer un réveillon de Noël rien qu'avec cet épisode et je fus surpris d'avoir été aussi drôle à mon insu. Moi qui ne faisais pas rire grand monde, moi, le bête ingénieur qui échouait systématiquement quand il commençait à dire : « C'est l'histoire de Toto qui... »

Mais sortir d'une hypnose était apparemment la crème de l'humour occidental. On se fendait la poire, on se battait les flancs comme des otaries, voilà les réactions de ma sœur et de ma femme. Elles s'étouffaient de rire autour d'un verre de lait froid parce que j'avais bavé en ouvrant seulement mon œil gauche. Ça devait valoir une blague de Bigard, il fallait s'accrocher à son slip, je ne m'imaginais pas bien sous le feu des projecteurs à annoncer : « Aaah le con ! Il avait remis ma chaussette dans le linge sale ! »

En revanche, baver était dans mes cordes et je devais en avoir plus d'une à mon arc au vu des rires cristallins des deux chattes.

A mon réveil, selon ma femme, j'eus un discours confus, lors duquel j'accusais les professionnels de la sauce tomate de ne pas m'avoir recousu totalement. Il me restait un trou, un tout petit trou dans lequel je pouvais passer mon doigt. Ma femme me demanda où était ce trou et je tentai alors de rentrer mon pouce dans mon nombril. Échec cuisant. Je bavais. « Pas recousu, salauds ! » et mon œil droit frétillait en essayant vainement de s'ouvrir.

« Si seulement j'avais eu un appareil photo ! » s'exclamait ma femme. Ah, l'amour, avec un grand A et un grand appareil photo : il arrive toujours un moment où vous en éprouvez le besoin et il vaut mieux l'avoir sous le coude.

Ma femme continuait son récit ; au vu de l'impénétrabilité de mon nombril, je m'assis sur le lit et dis des choses sans la moindre queue – et ne parlons pas de la tête. Je devais trop baver pour qu'on pût me comprendre : « Hé gnié ! baragose, ah bon ?... arf, midouse ». Il n'y avait pas de quoi être fier, j'avais été plus minable qu'à ma demande en mariage, plus minable que jamais. J'avais eu des moments de honte dans ma vie mais je sentais bien que celui-là les surpassait tous.

Magnifique ! Magnifique ! Regardez cet homme, c'est un fou ! Il divague, il titube ! Voilà l'exploit accompli par le grand Maroufle ! Il le tient à sa botte et cet homme ne sera jamais plus comme avant ! Poïn', poïn', le bruit des nageoires de l'otarie sur ses flancs. A qui le tour ? Qui veut essayer ? Vous ne craignez rien, il ne restera aucune séquelle ! Miaou, et les chattes de rire en lapant leur verre de lait. Regardez-le, montrez-le du doigt, ah ah ! Qu'il a l'air sot, qu'il a l'air soûl !

Ma sœur riait tellement qu'elle en était au bord du décès. Venant d'une fille qui lisait l'horoscope et dont la sonnerie de téléphone était un vagissement rigolo, c'était un peu fort de café. Se faire moquer par sa propre sœur remettait en cause les fondements de la relation familiale. On ne pouvait donc compter sur personne ?

Pourtant, c'était sévère mais juste : j'avais été ridicule. Je méritais bien ce qui m'arrivait et je ne pouvais pas monter sur mes grands chevaux. J'en ris maintenant que je ne souffre plus, mais sur le moment, je ne faisais pas le fier. Mes propos reposaient sur une base peu solide ; clairement, j'avais dit n'importe quoi et c'était bien fait pour ma pomme qu'on se moquât de moi.

- « Pourquoi sont-ils pas venus ?
- Qui ?

- Les internes ?
- Je ne comprends pas.
- Les internes ! C'est pourtant pas compliqué.
- Mais mon chéri…
- Rhaaaa, c'était leur affaire, le ventre, ça me fait les pieds. Hé gnié, je me disais que fallait bien. Tu sais ?
- De quoi ?
- Tu sais pas. Pas grave, c'est pas grave. Moi je t'aime quand même. Faudra bien recoudre, sinon ça va couler sans cesse.
- Ton ventre ?
- Bah oui ! Là, le trou, la cuve, faudra bien recoudre.
- D'accord.
- Faudra être une femme bien gentille et en échange je te recoudrai si tu en as besoin.
- Je n'en ai pas besoin.
- On n'est jamais sûr. Regarde ta cuve. Peut-être un jour faudra mettre le doigt.
- …eh bien, merci.
- C'est les internes normalement. Hé gnié, mais y sont pas là. Jamais au bon endroit, les salauds. »

Le chir' vint me voir après mon réveil. J'étais sobre. Il fut bref, sans doute avait-il d'autres vies à sauver. « Ça c'est bien passé » annonça-t-il. Son sourire de diamant me remplit de joie parce qu'il m'annonçait une bonne nouvelle et que c'était la magie du blanc.

- « Eh bien vous voilà !
- Où vouliez-vous que je sois…
- Ah ah ! L'humour du rescapé, j'aime ça ! Bon, ça s'est trèèès bien passé, je suis très content. Ça vous fait mal un peu ?
- Un peu.
- Ça va passer, il vous reste la petite douleur du lendemain d'opération. Ne vous en faites pas. Ça sera parti d'ici deux jours. »

Il mit les mains dans ses poches et fit rebondir son ventre.

- « Lundi vous pourrez rentrer chez vous.
- Et je pourrai retravailler quand ?
- Quand vous vous en sentirez le courage, ah ah !
- Bon.
- Forcez pas trop quand même hein, reposez-vous bien. »

Et puis il serra des mains à n'en plus finir, la mienne, celle de ma femme, encore la mienne et il se précipita hors de la pièce en ne laissant derrière lui qu'un petit nuage de fumée cartoonesque.

J'avais beau me dire qu'il était formidable et qu'il m'avait opéré malgré l'éclat de ses dents, je n'arrivais pas à penser sincèrement les mercis que je disais. Ses canines qui rayaient le plancher me barraient le chemin, à chaque fois que j'essayais, je me cognais à elles, des canines pointues, reflétant l'ambition et la lumière visible. Il était trop pédant pour que je pusse lui être reconnaissant de quoi que ce fût.

Ma femme m'expliqua que je devais outrepasser cette méfiance envers mon médecin, que c'était peut-être dû à un sentiment d'infériorité mal placé, que je devais me concentrer sur mon rétablissement, dire merci et oublier. Elle n'avait pas tout à fait raison ; je n'étais pas méfiant, j'éprouvais simplement un cruel manque d'amour pour l'homme qui m'avait sauvé la vie. Les femmes, sous les coups de l'émotion et du destin, peuvent avoir un jugement maladroit. La mienne avait subi un grand coup, il fallait la comprendre.

Elle avait l'air soulagée, fatiguée, bien contente de me voir jaunâtre sur mon lit d'hôpital. Elle me faisait penser à l'épouse de Peter Pan dans le film Hook, à la fin, quand les enfants reviennent du Pays Imaginaire et réveillent leur mère alanguie sur un fauteuil au beau milieu de la chambre. Elle les prend dans ses bras, elle pleure, elle n'en revient pas, c'est beau, c'est niais, ça fait plaisir. Tout le monde redevient Banning et c'est mieux comme ça, on ne peut pas rester Pan toute sa vie. L'épouse Banning a eu très peur mais finalement c'était pour pas grand-chose puisqu'ils étaient au Pays Imaginaire et que, pour mourir dans ce pays-là, il faut être un pirate, un crocodile ou Rufio. Ma femme arborait le même visage, un mélange de soulagement, de surprise et de grande fatigue – elle avait lâché la Joconde... bon.

Je passai mon week-end dans une chambre au CHU. Ma femme et moi restions tous les deux jusqu'aux heures de fin de visite. Elle prenait un sandouiche et moi je devais manger les plateaux-repas de l'hôpital. J'avais une purée dont on avait retiré la saveur, un dessert d'extra-terrestre, un verre d'eau... pour ne pas me défier, ma femme s'achetait le basique des sandouiches, avec du jambon et du beurre et voilà tout. Autrement, je l'aurais mal pris ; j'étais en plein rétablissement et je n'aurais pas pu supporter l'image scandaleuse de ma femme engrangeant un pain suédois moelleux à souhait et bien garni.

- « Mon chéri, tu devrais manger ta purée.
- Mais c'est pas bon !
- C'est pas la peine d'élever la voix.
- …mais c'est vraiment pas bon, c'est mauvais, ça me donne envie de vomir !
- Tu te comportes comme un enfant. Si tu étais dans ma classe, je t'aurais mis au piquet.
- Oui bah je te signale que je peux pas me lever pour aller au piquet, sinon je peux mourir !
- Ah ! Ne parle pas de ça !
- C'était pour rire…
- C'est pas drôle. Mange le dessert.
- Mais, on dirait de la morvine interstellaire !
- … ! »

Et ce fut pareil pour tout, je passai deux jours à accumuler les caprices comme un enfant insupportable à qui on ne doit que des claques et des punitions. Je n'avais jamais été comme ça ; quand j'étais petit, j'étais adorable, mais là j'avais frôlé la mort et je dirais même que ma douleur ne passait pas. J'avais toujours des petits frissonnements de mal, des pointes infimes qui apparaissaient de-ci et de-là au gré de leur bon vouloir et qui ne rentraient pas chez elles comme l'avait pourtant annoncé le chir'. Je subissais des pics de Dirac de douleur, des montées ultra-rapides et ultra-fugaces : je souffrais !

Au vu de ces douleurs, de ma tenue vestimentaire et du pot sur lequel on m'obligeait à retourner, je pouvais bien faire n'importe quoi de puéril, crier, ne pas manger, me rouler par terre ; je n'étais pas hors contexte.

Le samedi soir, après le départ de ma blonde, j'allumai la télévision afin de m'abrutir, quand un petit garçon passa le bout de son bonnet par la porte de ma chambre. Il vint jusqu'au lit en regardant ses pieds puis, quand il me vit – gisant sur ma couche tel un pape dans son cercueil – il sursauta.

« Hééaaa ! »

Je m'assis en équerre immédiatement en tendant les mains vers lui comme pour lui dire de se calmer. Il recula jusqu'au mur, le visage tétanisé, comme s'il allait se faire dévorer par le Gram-Groum. Au bout de quelques secondes, il se rendit compte qu'en fait de Gram-Groum, il n'avait en face de lui qu'un quasi-trentenaire maigre.

- « Qu'est-ce que vous faites là ?
- Comment qu'est-ce que je fais là, je suis dans ma chambre. Et toi, qu'est-ce que tu fais là ?
- Mais, c'est MA chambre.
- Non... tu as dû te tromper.
- Impossible, j'ai compté le nombre de portes.
- ... ?

- Troisième étage, je passe l'ascenseur, je tourne à droite et je compte quatorze portes. »

Le petit garçon avait l'air sûr de lui et son assurance m'impressionnait. Il s'était simplement trompé d'étage. Il enleva son bonnet et gratta son crâne chauve. Il était blanc comme la mort et ses deux hamacs de cernes donnaient sommeil ; on n'a pas idée d'être aussi fatigué quand on a dix ans.

- « Comment tu t'appelles ?
- Éric. Et vous ?
- Pourquoi tu es là ?
- Pour une leucémie. Et vous ?
- On m'a enlevé un grain de beauté.
- Ou ça ?
- Sous le bras.
- Je peux voir ? »

L'imbécillité de mes propos me sauta au visage et me gifla bien comme il fallait.

- « Non en fait, on m'a enlevé un bout du pancréas.
- C'est quoi le pancréas ?
- Bah, c'est là, dans le ventre.
- Mais pourquoi ? C'est quoi le rapport avec votre bras ?
- Y a pas de rapport.
- … ?
- J'avais un cancer, parce que je fumais, enfin il paraît. Et toi, pourquoi tu sors de ta chambre en pleine nuit ?

- Ah. Moi je suis là depuis trois semaines. Alors je m'ennuie. Je sors la nuit parce que le jour, j'ai pas trop le droit.
- Je vois.
- Je vais au rez-de-chaussée, j'aime bien le hall principal quand il est vide. »

Il marqua un temps.

« Bon je retourne dans ma chambre. On va peut-être se revoir, si jamais je me retrompe d'étage ! »

Je n'osai pas lui dire que je n'allais pas rester. Il m'offrit un grand sourire plein de dents de lait et s'en fut sans bruit. Quelques mois auparavant, ce petit garçon était roux, c'était lui que j'avais croisé chez le cancérologue, c'était la même tête et la même voix. Prendre ses cheveux à un enfant, on dira ce qu'on voudra, c'est dégueulasse de la part de la vie.

Mon dimanche fut paisible avec encore plusieurs caprices et le soir, Éric ne revint pas. Le lundi matin, aux aurores, j'avais fait mon sac et j'étais prêt à quitter cet endroit rempli de chauves, de futurs morts et de mauvais desserts. Un beau mois d'août s'annonçait, je n'en étais pas mécontent.

Les petites douleurs qui me restaient se faisaient sages, elles restaient là mais ne se pavanaient pas comme elles avaient pu le faire avant l'opération. Et puis, il y avait ce soleil qui brillait sur Bouguenais en nous inondant de ses rayons bienfaisants quoique cancérigènes. Je sentais que la vitamine D m'envahissait et ma femme avait pris la décision de dormir sans baisser les volets pour que nous puissions profiter de la luminosité progressive des petits matins.

Globalement, nous étions bien.

Le docteur m'avait dit de me reposer, de beaucoup dormir, de ne pas forcer et de bien manger, « patati et patata » avait-il ajouté pour appuyer son côté Garcimore. Mais au sortir de l'hôpital, je n'avais qu'une idée en tête : retourner à l'usine. On m'en avait privé presque deux jours et il fallait y retourner vite. Je faisais confiance à l'ambitieux à qui j'avais délégué mes pouvoirs, la banqueroute avait sûrement été évitée ; mais c'était mon jouet et je ne pouvais m'empêcher de penser que sans moi, ce devait être la chienlit.

Je voyais les opérateurs danser la javanaise en fumant le cigarillo sur la ligne de production. Ils ne mettaient plus leurs chaussures de sécurité, ils laissaient leurs blouses bleues au placard, ils prenaient des pauses n'importe quand. Et les femmes de s'arrêter toutes les cinq minutes pour se remettre un coup de peigne ! Mon usine s'était transformée en théâtre de l'apocalypse où la couleur était de mise et où le laxisme donnait des promotions.

J'avais trois semaines devant moi pour remettre toute l'usine à ma botte. La quatrième semaine était à rayer dans la mesure où on fermait pour permettre à tout le monde de prendre des vacances. Les opérateurs, les cadres, les fifres, tous allaient partir en voyage au bord de la mer avec leurs marmots. Ils rempliraient la caravane et encombreraient les autoroutes du Sud de la France avec leur chien et leur slip de bain.

La première semaine de septembre, ils reviendraient bronzés ou rougis selon leur type de peau, un large sourire aux lèvres, des photos sur leur clé USB… et ils s'échangeraient leurs souvenirs ordinaires en racontant leurs gueuletons formidables au boui-boui de la plage et en rigolant des bêtises du petit dernier qui s'était perdu dans un trou de sable. Autant ne pas se voiler la face, la première semaine de septembre était vouée à l'échec. Alors, j'allais leur arracher la sueur pour ce mois d'août. Ils allaient en baver pour remplir les objectifs et j'allais commencer par remettre à sa place celui qui avait voulu prendre la mienne : le joueur de fifre.

J'arrivai à l'usine le mardi matin, presque frais comme un gardon. Je me mis à observer. Je prenais un air contemplatif et détaché pour ne pas éveiller les soupçons, mais au premier manquement paf ! les lignes de production allaient valdinguer dans tous les sens et les rotules en aluminium n'étaient pas prêtes de s'en remettre.

Comme prévu, ces trois semaines de boulot furent éreintantes. Mais elles furent bonnes, je me sentais rajeuni – c'était le moral. J'abattais le travail à une cadence phénoménale voire très rapide. Mais il fallait éviter de faire craquer les opérateurs, ils avaient un travail dur, des horaires de merde, ne pas les ménager aurait été une erreur. Aussi leur demandai-je assez souvent leur avis ; ça m'évitait la rébellion, encore que je fusse quasiment sûr de leur satisfaction à travailler comme des chiens mais à être payés comme des hommes.

Les opérateurs ne m'aimaient pas vraiment, je le savais bien : j'étais un patron, chacun chez soi et les poules seront bien gardées, de toute façon ce sont toujours les mêmes qui en profitent et qui se font des parachutes en or – c'était bien mal connaître la réalité du monde des affaires, un parachute en or est beaucoup trop lourd, il n'amortit pas les chutes ; ce qu'il faut, c'est une de ces merveilles de technologie en polymères, légères et résistantes, de celles qu'on trouve chez Décathlon.

Mais les ouvriers, même s'ils avaient pour principe de ne pas m'aimer, avaient une relative reconnaissance, comme un aveu nonchalant qu'ils balançaient à la volée quand ça leur chantait. Ils me disaient que j'étais sévère mais que je ne favorisais personne, que j'étais intransigeant mais droit, un jour l'un d'eux m'annonça même : « Vous frappez fort mais c'est bien, parfois il faut se remettre à sa place. »

Le soir je rentrai chez moi, l'air béat, et je mangeai jusqu'à m'en casser le ventre comme un de ces salauds de géants, Pantagruel et Gargantua, pour montrer à la vie que j'allais mieux et que mon appétit n'avait pas souffert de cette passade pancréatique. Ensuite je regardai un film, puis deux, mais pas le lendemain ni le surlendemain parce que je n'avais plus vingt ans et que malgré tout, la douleur n'avait pas complètement disparu.

Juste avant les vacances d'août, ma femme et moi eûmes une discussion sérieuse. Je m'en souviens parce qu'elle s'assit sur le canapé du salon en annonçant : « Il faut qu'on parle ». Je n'étais pas habitué à ce genre d'annonce alors je me sentis tout chose. Lorsque moi je disais ça, c'était pour virer quelqu'un.

- « Tu veux me virer, c'est ça ?

- Quoi ? »

Elle soupira et me demanda de me concentrer cinq minutes.

- « C'est vraiment fatiguant de vivre avec toi.
- Quoi ?
- Je veux dire, c'est usant. Tu travailles beaucoup, tu es tout le temps stressé. C'est fatiguant pour les gens qui t'entourent. Je parle sérieusement.
- D'accord.
- J'ai eu une période vraiment mauvaise le mois dernier, j'étais vraiment pas bien.
- Moi non plus, ha !
- Bon, on peut vraiment pas discuter… »

Elle se leva et je dus l'attraper par le bras, lui dire que non, que j'étais calme, que c'était bon là qu'on pouvait discuter.

- « Mais je sais, ma chérie. Je voyais bien que ça n'allait pas. C'était dur pour tous les deux mais maintenant ça va, je vois pas où est le problème.
- Le problème c'est que, enfin, j'ai pas réussi à te dire ce que j'avais sur le cœur et maintenant il faut que je le fasse. Ça marche comme ça un couple. »

Je n'aimais pas cette façon de parler. C'était une romance exacerbée, une fin de série américaine où tous les personnages se réconcilient et se demandent pardon d'avoir mangé le restant de beurre de cacahuètes. Mais elle avait dit que les couples marchaient comme ça – et elle en savait beaucoup plus que moi sur la marche des couples – alors je devais me taire. Elle me fit un aveu larmoyant dans lequel elle m'expliqua combien elle avait souffert, et combien elle m'aimait, et combien elle n'aurait pas su quoi faire sans moi. Au début elle en avait voulu à la Terre entière parce qu'elle ne comprenait pas pourquoi c'était moi qui était malade et pas quelqu'un d'autre. Elle avait cherché une raison, quelque chose qui aurait pu expliquer et surtout justifier l'état de mon intérieur. Elle ne voyait pas ce qu'elle avait fait de mal pour mériter qu'on lui volât son mari, c'était incompréhensible, injuste, impossible, etc.

Elle ajouta que si j'avais succombé à la maladie, elle en serait morte de chagrin. Les violons vibraient de toutes leurs cordes et on pouvait humer la rose à des kilomètres, mais j'aimais cette femme plus que les pain-surprises alors la moindre des choses était de la laisser parler. Ce n'était finalement que le discours maladroit d'une jolie blonde qui avait beaucoup pleuré ces derniers mois.

Dans le lyrisme de sa déclaration de bonne santé, elle était encore plus belle qu'à l'ordinaire et je ne pouvais pas me résoudre à l'interrompre. Ses yeux m'envoyaient tous les bons sentiments du monde et sa bouche embrassait ma main gauche, celle de l'anneau.

Les crincrins jouaient fort dans ma tête, et je devais avoir une expression bête parce que ma femme s'arrêta de parler.

- « Tu m'écoutes ?
- Oui ! »

En réalité j'étais perdu dans un océan de clair de lune, avec deux serveurs italiens jouant de la mandoline et m'apportant des lacets de chaussures à la bolognaise. Je n'y pouvais rien. Ma femme écarquilla les yeux.

- « J'y crois pas ! Tu m'écoutes pas du tout !

- Mais si !
- Mais je vois bien que non !
- Mais si !
- Et cette mauvaise foi par-dessus le marché !
- Je te jure que j'étais en train de t'écouter. »

Alors elle me demanda si c'était vrai, je dis que oui, elle me demanda de jurer, je dis que je jurais, elle me demanda de jurer-cracher, je dis que le tapis coûtait cher et qu'elle pouvait me faire confiance. C'était culotté mais elle m'avait pris la main dans le sac et ma seule solution était mentir. Pour me défendre, je remis en cause la confiance qu'elle m'accordait. Je dis : « Tu sais, le manque de confiance, c'est ça qui tue un couple ». Là, ça n'était pas un mensonge ; et je lui caressai les cheveux pour faire mieux.

Certains pourront penser que je suis un bonimenteur et un mauvais mari. Mais c'était elle qui avait commencé – on n'a pas idée de remettre en question l'attention de son interlocuteur, surtout quand on lui offre un spectacle aussi créatif qu'une déclaration d'amour pleine de tendresse et de lacets de chaussures. Mariez-vous, vous devrez parfois mentir, mais ça met du piment. Et puis c'est la vie...

« Parfois je me dis que tu es plus gamin que les gamins que j'ai en classe. »

A vrai dire... quand j'y réfléchis, je crois que ma terminale S sonna le glas de ma maturité ; cette année-là, je cessai de grandir et je restai un âne, un rêveur, quelqu'un de pénible. Je ne méritais probablement pas la femme que j'avais. Mais c'était une belle déclaration qu'elle m'avait faite, vraiment.

Pour fêter ça nous commandâmes à manger chez le chinois du quartier et le lendemain, je me rendis au CHU pour effectuer une vérification. Je devais en faire trois, espacées d'environ trois semaines chacune afin de vérifier que l'opération avait réussi et qu'il n'y avait pas de rechute. De toute façon, il ne devait pas y avoir de rechute. Ces vérifications étaient des formalités.

Au départ, ça m'ennuyait de retourner au CHU, je n'avais pas de temps à perdre pour ces choses-là. Mais j'avais appelé Garcimore le cancérologue – même si je ne l'aimais pas – et il avait confirmé : « Ah ça, vaut mieux vérifier trois fois que zéro, haha ! »

Puis, il s'était raclé la gorge : « Plus sérieusement, c'est un cancer relativement grave et l'opération que vous avez subie est quand même assez lourde, hein ». Alors, je m'étais plié à ses quatre volontés, j'avais refermé la boîte et il m'avait scié en deux sous les regards ébahis des spectateurs du chapiteau.

Le service de cancérologie du CHU de Nantes était énorme. J'aurais pu m'y perdre s'il n'y avait eu un contre-stéréotype d'infirmière pour m'orienter dans les méandres de ma destinée. La grosse bonne femme m'indiqua le fond du couloir avec, pour tout sourire, sa main gauche en angle droit. En marchant dans un couloir long et triste comme un documentaire sur la Shoah, je croisai le petit Éric. Il ne me vit pas et c'était compréhensible : le nez plongé dans sa Nintendo DS, il calculait l'âge de son cerveau grâce à la technologie du docteur Kawashima et il ne pouvait pas se permettre de se distraire.

Je fus reçu par un médecin qui avait l'air adorable – ils existaient donc. Il avait une tête de superstar du catch du côté des gentils, avec des cheveux mi-longs et blonds et des muscles qui dessinaient des formes bouleversantes sous sa blouse de tissu blanc. Toutes les superstars du catch appartiennent à un clan ; il y a les bons et les méchants, lui était un bon.

Un petit scanner pour la forme au service de radiologie et je revins le voir. Quelques questions, quelques remarques, le médecin faisait bien son travail. Il n'avait ni les blagues, ni la prétention de ceux que j'avais connus auparavant. J'aurais pu être fou d'amour pour lui si seulement nous n'avions pas été tous les deux mariés, et s'il n'avait pas eu les dents si jaunes et l'haleine si forte.

- « Est-ce que ça vous fait mal, encore ?
- Un peu.
- Alors il faudra surveiller ça. »

Quand les images de mon intérieur nous parvinrent, le catcheur du côté des gentils les examina avec soin et me dit dans un sourire jaune : « Tout va bien, vous pouvez rentrer chez vous ! »

J'étais content, d'être en pleine forme et de ne pas avoir les mêmes dents. Il faut dire que je ne fumais plus depuis presque deux mois. Avoir un cancer est la meilleure façon d'arrêter de fumer : ça coupe l'envie et ça évite les patchs.

II

Une fois rentré chez moi je trouvai ma femme dans notre minuscule jardin. Elle arrosait nos rocailles. Le soleil de la fin de journée retombait sur ses cheveux et ils chatoyaient de mille éclats comme le blé des réclames Kellog's. Je lui racontai ma rencontre heureuse avec le gentil catcheur. Elle arrêta de faire semblant de jardiner et se mit à sautiller en balançant son blé de droite et de gauche. Elle était belle. Ensuite elle me prit le bras d'une façon puérile et hystérique, et elle me demanda où je comptais l'amener en vacances, comme si je lui avais prévu un voyage de rêves et qu'elle n'en pouvait plus d'attendre.

- « Alors on part où ?
- Quoi ?
- En vacances !
- Bah… où tu veux…
- T'y as même pas réfléchi ?
- Non.
- Alors je peux choisir ?
- Oui.
- Je veux… partir à Cuba ! »

J'optai pour la stupéfaction.

Je n'avais pas envie d'aller à Cuba, elle non plus d'ailleurs mais elle ne le savait pas encore. C'était à se demander d'où elle tenait cette idée.

Je fis une moue désapprobatrice. Ma femme ouvrit de grands yeux brillants d'amour et ça s'annonçait mal, elle était très enthousiaste. Il est toujours plus difficile de faire plier une femme très enthousiaste. J'allais devoir défendre mon bifteck.

- « Qui t'a mis cette idée dans la tête.
- Mais personne.
- Mais si.
- Mais non.
- Mais si, c'est ma sœur. »

Parce que ma sœur était partie faire le tour du monde par prétexte. Ç'avait été son alibi pour se rendre à Cuba, où elle avait cherché son amour de jeunesse, l'homme de ses rêves, le rêve de ses nuits, la perle des perles qui se trouvait être aussi mon très grand ami d'enfance. Personne ne l'avait su mais moi, j'avais été mis au parfum par leurs regards transis de L.O.V.E. Elle était folle de lui et les plus grands philosophes grecs se seraient retournés dans leurs tombes s'ils avaient su à quel point leur amour avait été platonique.

Cet ami-là, je l'avais depuis presque toujours. Nous avions grandi ensemble, quinze ans ; du CP jusqu'au milieu de notre seconde année de prépa quand il avait annoncé que ça n'était pas pour lui et qu'il préférait aller se perdre en Amérique du Sud, à Cuba certainement parce que c'était un pays qui avait une histoire. C'était un camarade de classe, de jeu, de 400 coups et je l'adorais comme on adore un joueur de foot. Il n'avait pas de croyance et pas de principe, sa seule limite était la mort et il marchait constamment sur le fil du rasoir comme un funambule qui se rase avec une scie : j'étais fan.

Il n'avait jamais touché à ma sœur de peur que je lui cassasse la gueule mais ça crevait les yeux qu'ils se plaisaient beaucoup depuis qu'elle et lui avaient respectivement des hanches et des poils ; c'était peu marqué, évidemment, puisque ma sœur n'avait jamais vraiment eu de forme et que mon ami était norvégien par sa mère – les Norvégiens n'ont pas de poil, ils sont parfaits. Mais comme il n'était du nord qu'à moitié, il avait tout de même une petite touffe soyeuse sur le torse et les yeux de ma biche de sœur frétillaient à loisir devant tant d'adolescence.

Bon. Mais ceci n'expliquait pas la décision de ma femme.

- « Pourquoi Cuba ! Je veux pas aller à Cuba !
- Mais pourquoi ? Il paraît que c'est vraiment merveilleux ! Tu sais c'est un pays qui a une histoire !
- Rhhhaaaaaa !! Pas Cubaaaa !
- Mais dis-moi pourquoi ? »

Je n'avais pas d'argument. Je ne voulais pas y aller, voilà tout. C'était l'endroit où le seul ami qui avait compté pour moi était parti pour rompre le contact avec le monde. Je ne voulais pas y foutre les pieds. Je ne voulais pas, point final.

« Ce n'est pas une raison... »

Je tentai la méthode dite du chien battu – il faut la faire avec précaution, elle ne fonctionne pas à tous les coups :

- « Mon amour...
- Mais enfin, je ne comprends pas !
- S'il te... plaît... »

Elle fronça les sourcils et s'en fut dans la cuisine. J'allai au salon et m'adossai comme un enfant. Elle vînt vers moi, je la vis hésiter un instant, et puis : « Oh t'es chiant. C'est bon, on va où tu veux. »

Victoire ! Je m'assis sur le canapé dans un rictus de triomphe.

Nous fîmes tourner le globe virtuel de Google Maps pour décider d'une destination. J'étais prêt à tout et à cliquer au bon endroit pour ne pas tomber sur l'Amérique du Sud. Je ne fus pas déçu : l'Allemagne.

« Tu plaisantes ? » demanda ma femme.

Je ne plaisantais pas. On jouait ou on ne jouait pas, mais il fallait savoir respecter la décision de l'ordinateur. Google était plus fort que nous, il était inutile de le contredire, déjà qu'il commençait à ficher la Terre entière avec ses Facebook et compagnie…

« T'es vraiment un con » lâcha ma blonde. Il faut dire qu'elle avait passé un an à Munich comme jeune fille au pair.

« Dix-huit mois ! J'y ai passé dix-huit mois !

Un an, dix-huit mois, sur toute une vie c'est bien pareil.

Tu te fous de moi ? Je connais la région, c'est bon, j'ai déjà fait ! Si c'est pour boire de la bière et manger de la saucisse, j'ai pas envie d'y retourner. »

Je m'insurgeais. Il n'y avait pas que la bière et les saucisses ! Munich était une très jolie ville – à en croire les photos qu'elle m'avait déjà montrées mille fois. J'avais moi-même l'impression de connaître.

« Tu parles même pas l'allemand ! » tenta-t-elle d'argumenter.

Irrecevable. Certes, je ne parlais pas un mot de la langue de Goethe. Mais il fallait avoir le goût de l'aventure, nom d'un chien ! Ne pas connaître la langue d'un pays, c'est prendre n'importe quelle route, utiliser les gestes, manger de l'inconnu.

Ma femme se bagarrait bien et ponctuait ses arguments par : « Je cois que tu me prends vraiment pour une conne. »

Je ne la prenais pas pour une conne. Je n'étais pas spécialement attiré par l'Allemagne, mais j'étais prêt à mentir et j'aurais bien volontiers vendu ma sœur pour ne pas aller en Amérique du Sud. Je dus me battre pour qu'on décidât de partir à Munich. Je dus me battre corps et âme ; mais la décision fut prise.

J'étais encore le chef de la maison.

Le lendemain, à midi, ma femme alla fouiner dans un placard et en sortit du café. C'était une dosette de Nespresso parce que nous étions finalement deux gentils bourges et que le café Grand-Mère était réservé aux grand-mères ; mais je compris immédiatement que j'allais être papa. Vous vous imaginez à quel point je fus surpris. Elle arborait un sourire ultra féminin : « Je t'ai eu, hein ? dis-le que je t'ai eu… ». Madame faisait la maligne comme si elle était plus forte que la terre entière.

Mais elle était heureuse, aussi n'allais-je pas surenchérir. Je réfrénai : « Ah, c'est pour ça que tu vomis partout ». Et puis elle me fit un café pour me remercier de lui avoir fait un enfant.

Voilà ce que je me dis quand je repense à ce jour.

En fait de café, elle m'annonça juste qu'elle était enceinte, sa brosse à cheveux dans les mains et un visage inexpressif au possible. C'était le tableau que des milliards de couples avaient dû peindre : deux gigues, l'une en face de l'autre, qui se sourient niaisement en disant : « Oh bah merde, héhé, ça y est alors hein, haha, qu'est-ce qu'on va faire, c'est merveilleux ». C'est moins cocasse à raconter que le coup du café alors je me permets d'embellir la vérité. Un petit mensonge ne fait de mal à personne : ça purifie l'esprit, ça remet les idées en place et ça donne aux gens ce qu'ils attendent. Ou peut-être ressemblé-je plus à mon père que je ne pense.

Ce qui est vrai, en revanche, c'est que je réfrénai :

« Ah ! Voilà pourquoi tu vomis partout ! »

Je le pensai très fort mais ne dis rien. Je pensai aussi qu'elle allait devenir énorme, que ses seins allaient devenir énormes, et que le col de son utérus serait énorme également le jour où notre enfant en sortirait : c'était terrifiant.

Nous nous mîmes d'accord pour qu'elle ne bût pas de bière lors de notre séjour en Bavière – zéro alcool pendant la grossesse – pas moyen que mon gamin ait un retard de croissance et un nez retroussé. Puis nous nous jetâmes sur les valises, elle en sautillant, moi en souriant comme un âne. Je tentai une blague :

- « Ne parlons pas de malheur mais tu sais si c'est une fille, je touche du bois et je crache par terre, je l'aimerais quand même, j'essaierai d'être un bon père.

- …

- Ne t'inquiète pas. Ce sera comme mon vrai enfant. »

Je la faisais marcher. J'étais d'accord pour avoir une fille, ou un garçon, même les deux du moment qu'ils n'étaient pas trois. Je voulais m'arrêter à deux parce qu'après, les marmots coûtaient cher au sommeil et au portefeuille. Et j'avais autre chose à faire que d'acheter un van pour y mettre toute une chiée de gamins, les yeux exorbités de gourmandise, les dents de lait comme des couteaux, et qui brailleraient : « Du chocolat ! Du chocolat ! » …deux mini formats, e basta.

De toute façon, au vu de mes performances sexuelles ces derniers mois, avec le mal de dos, le sang dans le pipi, les rayons qui m'avaient transpercés de partout, je n'aurais pas été capable d'engendrer trois enfants d'un coup. Mes spermatozoïdes étaient devenus des nazes, des perdants. La réussite de l'un d'eux était déjà une belle surprise.

« N'oublie pas le sèche-cheveux » cria ma femme depuis la chambre. Je ne risquais pas. L'année dernière, j'avais eu le toupet de ne pas y penser et j'en avais pris pour mon grade. « Mais c'est pas possible ! On peut vraiment pas te faire confiance ! Je te demande UN truc, UN ! »

Ça ne rigolait pas. Aussi m'empressai-je de le mettre dans la valise et de crier confirmation d'une pièce à l'autre. Je ne voulais pas contrarier ma femme, elle était enceinte et mon travail m'avait appris ceci : ne jamais perturber une machine en manufacture.

Nos valises furent prêtes rapidement, l'appareil photo, des chewing-gums pour l'avion, six slips et six culottes, quelques autres affaires, mon ordinateur portable glissé en douce et l'indispensable sèche-cheveux pour le blé de madame. Nous étions heureux, c'étaient les vacances et nos dernières à être deux.

C'était : la période où l'on se dit que tout va bien, la maturité en vitesse de croisière, l'étape avant la peur des rides. Il fallait en profiter.

« Comment tu voudrais qu'on l'appelle…? » l'avion était en train de décoller et j'étais plaqué contre mon siège. Il fallait faire semblant de rien, on n'est pas directeur d'usine quand on a la trouille des avions.

« T'y as déjà pensé ? » je suais et je salivais beaucoup, les yeux fixes et la bouche en sourire vers le bas. Elle aurait pu choisir un autre moment, avant, après, mais c'était le décollage qu'elle avait choisi. Je savais que si je me lançais dans un grand discours, j'allais tout bonnement vomir. Les spasmes allaient me prendre et mon estomac se retournerait contre moi. Il fallait être bref et lui rabattre le caquet pour qu'elle me laissât geindre en paix.

- « Rotule.
- Quoi ? »

J'ai toujours détesté qu'on réponde : « Quoi ». C'est à croire que les gens ne sont pas capables de réfléchir à ce que vous venez de leur dire. Je connaissais une fille au collège qui s'appelait Joséliane. Je crois que, malgré sa gentillesse et ses jolis yeux, elle n'a jamais eu la chance de ne dire son prénom qu'une seule fois. Quand elle se présentait, elle disait : « Je m'appelle Joséliane ». Et puis elle marquait un blanc, le temps que l'imbécile professeur lui répondît : « Queueuoi ? »

Elle répétait alors son prénom et parfois même c'étaient des : « Ah Eliane, c'est joli ça ».

- « Rotule.
- Mais… tu plaisantes hein…
- Non. A l'usine je fais des rotules. Le bébé s'appellera Rotule. »

Elle ne sut pas quoi répondre, objectif atteint. J'en rajoutai une couche rapide, c'était un prénom unisexe, il pourrait aller aussi bien à un cow-boy qu'à une princesse, on n'allait pas tergiverser mille ans. Travail terminé, vite fait mal fait. Ma femme était stupéfaite et elle se mit à murmurer : « Tu rigoles, tu me fais une blague ». Ah, ce que ne dirait pas une femme pour se rassurer…

Au moment où l'avion commença sa descente, je fus repris d'un haut-le-cœur magistral ; mes yeux fixaient le dossier de devant et je salivais tellement que j'aurais pu mourir noyé. Ça faisait partie du jeu.

Au sortir de l'avion, après avoir doublé fièrement tous les enfants voyageant seuls, nous nous précipitâmes sur un taxi pour entrer dans Munich, ville de la Paulaner, des blondes aux seins généreux et du McDo le plus fréquenté d'Europe.

Je ne fus pas déçu. C'était grand, ça bougeait, il y avait du monde. Mais il y avait aussi des parcs pour se promener, des commerces pour dépenser l'argent du ménage, des églises pour y prier Saint Antoine, et cette place sous un porche où un accordéoniste costumé en bavarois amusait les touristes et les grands-mères avec les classiques du bal musette germanique. « Dankeschön ! » disait-il quand on lui lançait une pièce. Ma caméra digitale n'en croyait pas son œil.

Il faisait beau et c'était agréable. En réalité, il faisait trop chaud et la foule noircissait l'horizon ; mais un petit mensonge, encore une fois, ça embellit la vérité.

- « Et là, tu vois, c'est le McDo le plus fréquenté d'Europe.
- Eh bien, c'est… impressionnant.
- Combien de burgers ils doivent servir en tout ? Je veux dire par jour… »

Qui se foutait de ça ? J'étais déjà ailleurs, l'esprit perdu dans les chansons de l'accordéoniste sous le porche. Je voyais enfin en vrai ce que j'avais vu en photo et ça, c'était plaisant.

Le soir, nous nous arrêtâmes dans un restaurant pour touristes, un quelconque Am Dom dans lequel il y avait à nouveau un homme costumé en bavarois, assis sur un haut tabouret devant un pupitre plutôt chargé. Il jouait de l'accordéon et les gens chantaient en cœur. Nous étions à une table de six et les quatre autres places étaient prises par des allemandes rondes et joviales.

Ma femme parla un peu avec elles pour crâner. Il fallait la voir raconter sa vie en passant sa main dans les cheveux. Pour ma part, je me contentais de dire Prost. Je le disais de bon cœur mais il me fallait rester concentré. Parfois, l'accordéoniste arrêtait de jouer, criait quelque chose en prenant sa chope et toute la salle comptait jusqu'à trois ; après quoi tout le monde disait : « Proooost » et prenait une grande lampée de bière. C'était déroutant et sympathique.

Mais déroutant.

Déjà, partager sa table avec des inconnus était non conventionnel pour le Français serré du jean que j'étais mais en plus, j'étais un nouveau riche et chanter en cœur avec des moustachus perturbait mon niveau de vie. Je passais mon temps aux quatre coins de la France, à rencontrer des gens importants et à manger dans des restaurants dont les noms comportaient toujours « Château » ou « Domaine ». Quand je mangeais chez moi, en revanche, l'ambiance était tranquille et les seuls chants qu'on pouvait entendre étaient ceux des oiseaux – quand ils n'étaient pas transis par le froid des hivers du 44.

Mais j'étais plus nouveau que riche, aussi pus-je tout de même profiter de cette soirée à l'Am Dom.

De retour à l'hôtel, nous défîmes nos valises et ma femme émit un petit cri quand elle vit mon ordinateur.

- « C'est les vacances ! On avait dit pas de travail pendant les vacances !
- Mais c'est juste mon ordi, c'est pas du travail.
- Tu te fous de ma gueule, dis ?!
- C'est juste pour regarder mes mails.

- Quels mails ?
- Bah les mails.
- Dis-le.
- ...ceux du bureau. »

Je dus céder et ranger le PC dans la valise, sous le lit. Je perdais une bataille mais pas la guerre, ma femme allait s'en mordre les doigts ; il ne fallait pas m'empêcher de travailler. En dépit d'être celui des cœurs, j'étais un bourreau de travail et ça n'était pas pour rien que j'étais devenu directeur d'usine aussi jeune. Il fallait que je sois connecté twenty-four seven au monde des rotules, me priver d'ordinateur une semaine était un crime. Conséquence tragique, j'allais devoir me servir du WAP et callait me coûter des fortunes.

J'étais sûr de trouver quelque chose pour me faire justice. Époux, fabricant de rotules, vengeur masqué, toutes ces casquettes me collaient à la peau...

Mais l'heure était aux vacances – la vengeance viendrait assez tôt. Ma femme avait pris des prospectus à la réception de l'hôtel, et nous allions préparer le programme. Du moins, elle allait préparer le programme et j'allais attendre que ça me tombât tout cuit dans la bouche, comme d'habitude. D'ailleurs, c'était pour moi qu'elle avait pris les prospectus : je jouais avec, je regardais les photos.

Quand le programme fut prêt, après ma souveraine approbation, elle s'adossa à la chaise dans un soupir satisfait. Le silence envahit la pièce quelques instants ; ma femme le brisa.

« Je pense qu'on devrait repeindre le bureau. En jaune-orangé, ça va pour un garçon et pour une fille ».

Elle ne brisait pas que le silence.
- « C'est une couleur, jaune-orangé ?
- Oh je t'en prie. Qu'est-ce que tu en penses ?
- C'est très bien. On le peindra comme tu veux. »

Ce fut une heureuse surprise pour elle : je ne remettais pas en cause ce qu'elle proposait.

Elle posa sa main sur mon front et me dit, dans un sourire de maman gentille : « Oh toi, tu es fatigué hein ». C'était la même intonation, la même rengaine que celles que j'entendais en sortant de l'école primaire, à quatre heures et demie. Tandis que j'attendais ma petite sœur pour rentrer chez nous, je voyais toutes les mamans qui s'accroupissaient pour embrasser leurs gamins, leur donnant discrètement un goûter comme s'il s'agissait d'un sachet d'héroïne.

« Tiens mon chéri, ton goûter, discrétos ! »

Elles leurs ébouriffaient les cheveux ou leurs caressaient la joue, c'étaient des scènes d'amour publiques accompagnées de phrases du genre : « Alors mon petit amour, tu as bien joué au foot ? », « eh bien mon garçon, tu t'es dépensé toi », « oh, vivement qu'on soit à la maison, une bonne douche et un bon dîner ». Et ç'ajoutait parfois même : « Je t'ai préparé ton plat préféré, t'es content ? »

Les femmes chantent ces rengaines parce que ça vient de leurs entrailles, c'est plus fort qu'elles, c'est dû au fait que tous les humains sur cette Terre sont nés de leur utérus. Elles sont les mères de tout le monde. Ma femme me sortit sa rengaine comme si j'étais son enfant. Nous avions une relation parfaitement saine mais ça surpassait sa volonté : parfois, elle agissait comme si j'étais né de son utérus.

Je ne pouvais pas m'en plaindre, ç'aurait été pareil avec une autre épouse. Et de toute façon, c'était l'occasion d'entendre les rengaines qu'on ne m'avait jamais dites à l'école.

Mais évidemment, je n'acquiesçais à la couleur de la chambre du bébé que par ruse. Je cherchais à amadouer ma femme. Je me faisais gentil comme un bourricot afin qu'elle n'eût rien à répondre, suspecter, vérifier chez moi ; et au moment où elle s'y attendrait le moins BAM ! j'aurais mis en route ma connexion sans fil et so long my friend, je chatterais en live avec la communauté industrielle des quatre coins du monde.

Elle ne pourrait rien me reprocher, moi aussi j'avais mes faiblesses. Les rotules en aluminium étaient mes enfants, j'avais ça dans le ventre, je les couvais dans ma chair. Je pouvais passer des nuits entières à imaginer leur avenir.

« Oh ma pauvre petite rotule, tu es toute graisseuse. Viens avec papa, je vais te nettoyer et te mettre dans un joli petit sachet en plastique, puis dans un joli carton direction la Chine. »

Le lendemain, nous dûmes faire la queue au Deutsches Museum pendant plusieurs plombes. C'était à croire que tous les touristes de Munich s'y étaient donné rendez-vous, et la baraque à frites qui servait de vigile fouillait les sacs dans une lenteur aussi assommante que la température locale. Les gens entraient au compte-goutte, et les membres d'une même famille s'attendaient au bout du zigzag de ferraille, ce qui créait des amas coagulés de gens sans la moindre once de pragmatisme.

Devant nous étaient deux vieux hommes dont l'accent irlandais se faisait agacé. Ils pestaient contre la foule, la chaleur, la hausse des prix… Vraiment le genre de personne qui attend d'être derrière une famille d'africains pour soupirer : « C'est quand même noir de monde ». A quoi sert de quitter l'Irlande si c'est pour cracher son venin sur tout et n'importe quoi ? Autant rester sur son île et approfondir la consanguinité – on ne peut pas être aussi roux quand on est issu d'un métissage.

Derrière nous, un italien et sa madone s'engueulaient comme des chiffonniers. « Ma que testa di cazzo ! Via ! » braillait la femme, tandis que son gondolier rangeait en brinquebalant la gourde dans le sac à dos. Seigneur, les couples de catégorie A…

Une fois devant les sculptures du Deutsches Museum, nous nous arrangeâmes pour semer les deux irlandais et leurs gènes récessifs. Nous fîmes le trajet dans le sens contraire et nous sautâmes des étapes ; tout était écrit en allemand, avec un minimum de traduction stratégique – WC, boutique – et certaines œuvres ne valaient pas le coup d'œil. Je n'ai jamais compris pourquoi un vase moche fabriqué à la va-vite par le pire potier du pays devient un miracle de l'Histoire, plus de mille ans après, lorsqu'il est recouvert de taches et de fêlures. Pour moi, il n'en a que moins d'intérêt.

Au lieu de ne garder qu'un seul vase qui vaut son pesant d'or, les musées les accumulent et fabriquent des nids à poussières, hermétiques à ceux qui n'y connaissent rien et/ou qui font de l'asthme. Il y en a trop, on s'y perd, ça énerve tout le monde. La moindre croûte séchée des apprentis du peintre qui aurait pu être célèbre s'il avait eu du talent, la moindre esquisse est exposée sous lumière spéciale pour être sûr qu'on ne la perdra jamais. Qu'est-ce que c'est ? Une croûte. Mais ce sont aussi vingt-cinq euros pour l'entrée, la bouteille d'eau mini bulles et le magnet souvenir.

Je ne pense pas que notre descendance sentira son entrejambe s'enflammer lorsqu'elle retrouvera, enfouie dans le goudron, un vase Ikea designed for all by Joerg Jvensen. Et je me tuerai si un jour j'apprends qu'on inaugure un musée des batteries d'ordinateurs. Ça n'a pas de sens de vouloir garder les deux objets, puis trois, puis une galerie entière. On dit après qu'il n'y a pas assez de place pour loger tout le monde, mais c'est normal, la place est prise par les vases et les croûtes !

Dans l'après-midi, ma femme tenta de m'emmener dépenser tout mon argent sur la Maximilianstrasse. Je compris le traquenard quand je me retrouvai nez à nez avec un vendeur de chez Louis Vuitton. Il était beaucoup plus classe que moi et m'aurait vendu sa mère si j'en avais voulu. Mais je ne voulais ni sa mère, ni ses valises estampillées et nous sortîmes du magasin avant de nous retrouver sur la paille. Je regardai au bout de la rue et me mis en route.

Après avoir vu le parlement, tout au bout du boulevard, ma femme se mit à balancer son blé et m'annonça que c'était Brotzeit. Je pensais qu'elle parlait de ses cheveux.

« Mais non idiot ! C'est Brotzeit ! »

Alors « Brotzeit », je ne saurais pas vous le traduire mais à ce que j'en ai compris, c'est à n'importe quelle heure du jour ou de la nuit. Un bon point pour les allemands. Quand on a faim, on dit : « Brotzeit » et on s'achète un petit sandouiche de viande-moutarde ou un bretzel au beurre. Deuxième bon point. Mais si on prend un bretzel il faut prévoir quelque chose à boire, pour diluer toute l'iode qu'on avale – sinon, on meurt de sel et on s'auto-conserve. C'est un mauvais point.

Quoi qu'il en fût, je goûtai au sandouiche au Leberkäse et je me régalai ; c'était goûteux comme tout. La moutarde également, m'apparut en bouche fine et délicate ; elle ne me fit pas grimacer comme l'arrache-papilles de Dijon. Ça aussi, ça m'énerve : a-t-on idée de badigeonner le pain de moutarde extra-forte pour masquer le goût de son casse-graine ? J'essayai d'en discuter avec ma femme qui ne trouva pas le sujet très porteur. Elle préférait rentrer à l'hôtel pour se rafraîchir et se changer.

La chambre d'hôtel disposait d'un immense téléviseur ; je l'allumai pendant que ma femme prenait sa douche et je fus agréablement surpris de constater que « Plus belle la vie » existait aussi chez nos amis aux casques à pointes. Ça s'appelait « Alles was zählt », ce qui apparemment signifie « tout ce qui compte ».

Markus vit en colocation avec Eva et Torsten, ils sont à table et se sont fait des pâtes. Un kilo, pas plus. Ils discutent et on comprend par la musique qu'il se passe quelque chose de grave. Torsten conclut la scène par « Nathalie ist deine Schwester » alors on laisse tomber la phrase mais on retient que Nathalie a un rôle important à jouer dans l'épisode.

La scène d'après, c'est avec un manque de surprise intersidéral qu'on voit Nathalie dans sa propre cuisine ; c'est la même cuisine que celle d'avant, rangée différemment – ne gaspillons pas le budget en décors – et la jeune fille pèse et ensache de la poudre blanche dont on pourrait croire au début que c'est du sucre. Mais son air de Reine de la Baise et des Mauvais Plans ne trompe pas celui qui regarde. Quand on la retrouve en boîte de nuit à donner ses sachets de sucre, le doute ne subsiste plus : c'est de la drogue !

En parallèle, Renate attend la baby-sitter. Son mal de crâne devient insupportable et elle jette un cachet d'aspirine dans son verre d'eau. Renate détourne son attention sur un journal dont on ne comprend pas le titre, au détriment du cachet qui est en train de mousser abondamment, laissant place à l'imagination fertile de celui qui regarde : est-ce un poison ? qui pourrait en vouloir à Renate ?

La baby-sitter arrive enfin et Renate lance subitement le journal dans la poubelle à légumes ; dans sa hâte, elle a oublié le tri sélectif. Il doit être cinq heures du soir, Renate monte se coucher et laisse la baby-sitter au salon – surtout, ne gaspillons pas le budget en cohérence du scénario. A peine a-t-elle le dos tourné que la baby-sitter ressort le journal de la poubelle et comprend tout. Elle murmure l'explication pour que tout le monde comprenne sauf moi et cela termine l'épisode, sur un générique naze broc dans lequel on n'avait certainement pas gaspillé le budget.

Mais malgré ça, nos vacances furent bonnes. Elles furent excellentes. Je dirais même que ce fut une semaine inoubliable et j'étais un peu triste de devoir rentrer en France, comme les gens qui se retrouvent au boulot et qui répondent quand on leur demande si ça va : « Ça va, comme un lundi de retour de vacances… »

Sauf que moi, j'aurais donné ma vie pour aller au travail. J'étais seulement triste de devoir reprendre mes responsabilités d'adulte : faire les courses, peindre le bureau, aller chez le cancérologue pour vérifier que tout va bien…

III

Repeindre le bureau ne me faisait guère envie. Ma femme annonça : « En jaune-orangé, ça ira pour un garçon et pour une fille. Et puis c'est lumineux. »

Si c'est lumineux, le bébé pourra y voir le jour.

« On le peindra comme tu voudras ma chérie, ce sera très bien. »

Je voulais me montrer conciliant, je l'avoue. Mais il me faut aussi avouer que ces préparatifs soudains me faisaient bizarre. Ma femme n'avait jamais demandé à repeindre quoi que ce fût, et depuis qu'un ovule avait pris sa paroi utérine à bras-le-corps, tout avait plus d'importance. Il fallait régler chaque détail de notre vie. La moindre de ses idées devenait une aventure balzacienne, chaque action s'imbriquant dans une autre, et cette comédie humaine pour quelqu'un de même pas né avait quelque chose de tragi-comique.

- « Imagine si lui aussi il est en jaune-orangé, assorti à la chambre… il sera beau comme un cœur.
- S'il naît jaune-orangé, c'est qu'il y a eu un problème avec le cordon.
- Je parle des habits.
- Je sais. »

Ma femme me regarda sérieusement. Ce dimanche soir commençait à traîner en longueur.

- « Tu as envie d'avoir ce bébé ?
- Mais oui !
- Parce que ça fait quand même des mois qu'on essaye.
- Je sais !
- Alors si t'avais pas envie, il fallait te manifester avant.
- Mais je sais !
- Ah oui ? Alors fais un effort ! Soutiens-moi. Je vais avoir besoin de toi, tu comprends ? »

Pouah, pouah... les adultes c'est caca. Le bébé s'en sortira bien dans la vie quelle que soit la couleur de sa chambre.

L'usine, en revanche, c'est bien. L'usine n'est pas caca, elle est super. Aussi retournai-je au travail le lundi matin très tôt pour éviter de discuter avec ma femme. J'étais de retour, dans mon costume le plus italien, avec le déodorant sous les bras. Je me sentais au sec, je me sentais beau comme un camion.

La secrétaire me sourit et m'annonça tout le travail que je n'avais pas fait la semaine d'avant. Cette quinquagénaire était vraiment bien, elle aurait pu vous annoncer que des poules squattaient votre bureau en gardant un sérieux de circonstances. Et puis, c'était finalement une vieille qui avait autre chose à faire que minauder avec les ingénieurs. Elle ne partait même plus à quatre heures et demie pour chercher ses enfants, ils prenaient désormais le bus pour rentrer du collège et du lycée – sauf son petit dernier qui se faisait ramener par la maman de son copain Matthias, qu'il avait connu au judo.

Ça me faisait plaisir d'être de nouveau confronté au monde des affaires. Pendant mes années de grande école, j'avais connu quelqu'un qui y faisait référence tout le temps. Pour parler des parachutes dorés, pour expliquer la hausse du prix de la farine de blé, il disait : « Eh ouais, ça se passe comme ça dans le monde des affaires ». Évidemment je bouillais d'entrer dans ce monde, surtout que le sol y était plus bas qu'ailleurs et que j'allais pouvoir y mettre mes dents sans tout rayer comme un gros sale.

Enfin, j'y étais, et il faut reconnaître qu'il avait raison ; ça se passait comme ça dans le monde des affaires. Les cadres arrivaient au compte-goutte, les opérateurs se montraient des photos, c'était insupportable de bonheur et de fainéantise. J'essayais de mener mes employés à la baguette mais parfois je me disais qu'avec un fouet, j'aurais eu de meilleurs résultats. C'était interdit… mais que n'interdit pas le gouvernement ?

Je n'avais le droit qu'aux arguments oraux et financiers pour amadouer mes travailleurs.

« Je t'augmente de trois pour cent si tu fais correctement ton travail ! »

Mensonge ; il n'y avait guère qu'à moi que j'augmentais le salaire. Mais qui aurait pu me jeter la pierre ? Certainement pas mes ouvriers, qui volaient en douce tout ce qui pouvait leur tomber sous la patte. Combien de clés à molette se sont retrouvées dans leur garage, combien de gants de protection thermique ont passé le reste de leur vie à côté de leur charbon à barbecue ? Ils se payaient eux-mêmes, moi aussi, comme à l'Élysée et ça n'était que justice.

Et puis le bébé allait naître, il me fallait de quoi le nourrir. Ça mange, un nourrisson, tout le monde croit que ça se contente du sein de sa mère. Tout le monde se trompe, les bébés aiment la viande, le jus d'oranges et les Mars ; il faut que le budget suive. Avec du lait pour unique alimentation, le bébé ne peut pas entamer sa croissance tout de suite, il faut attendre, lui laisser le temps, ne pas le brusquer – et on s'étonne ensuite qu'il n'ait de chicots qu'à partir de 6 mois ! Napoléon l'avait compris, et pour ne pas perdre de temps à se rogner les gencives une fois dehors, il s'était fait une dent dans le ventre de sa mère. Grâce à ça, au sortir de la chaleur placentaire, il put partir tout de go conquérir le monde et les historiens me sont témoins que cette dent rayait le parquet familial d'Ajaccio avant même que son propriétaire ne fut assez grand – en âge – pour partir à la guerre.

J'allais quand même repeindre le bureau. Malgré tout, j'étais plus heureux d'attendre mon enfant que je ne laisse penser. Le fait d'avoir un zizi ne vous tue pas une sensibilité ; c'est juste qu'il faut savoir se montrer stoïque. Les « hommes sont stoïques, mais ce ne sont pas des machines » nous expliqua le gynécologue. J'étais bien d'accord : un gamin qui gazouille ça pince au cœur, et puis c'est tout.

« Vous êtes mariés, c'est bien, ce sera mieux pour les intérêts de l'enfant ». Cela ne le regardait absolument pas.

- « Vous allez me dire, docteur ça vous regarde pas ! Et vous aurez raison, seulement je vois, moi j'ai un fils et je ne suis pas marié avec sa mère. Si l'un des deux décède, mon petit ne pourra rien avoir.
- C'est…triste.

- Qu'est-ce que vous voulez, c'est la vie. Et puis c'est mon seul fils, je n'ai pas envie qu'il soit dans le besoin. Ah bah justement voici sa mère. »

Une brune avec un beau corps mais un vilain visage entra dans la pièce en faisant de grands gestes comme si elle voulait dire : « Faites comme si je n'étais pas là ». Ma femme avait les jambes écartées et j'étais assis à côté, les yeux rivés sur la main du docteur qui allait et venait gaiement dans l'endroit de tous les mystères ; nous ne pouvions pas faire comme si de rien n'était.

Elle embrassa le docteur sur la joue et nous félicita du bonheur d'avoir un enfant, d'être enceinte, de sentir son col de l'utérus se dilater. Je me bouchai les oreilles et la brune se mit à rire à gorge plus que déployée. On voyait presque ses tétines. C'était révoltant.

Elle et le gynécologue commencèrent à nous parler d'eux, comme si leur vie valait les quarante-cinq euros de la consultation.

- « C'est la mère de mon fils. Oh oui, on a été marié un temps, mais on s'est séparés parce que ça ne collait pas.
- On ne s'aimait plus.
- Enfin on continue à se voir, mais juste en tant qu'amis.
- C'est vrai, on s'adore !
- Et on a eu un fils, Martin.
- Enfin on l'a eu du temps où on était mariés.

- On l'a appelé Martin parce que mon père s'appelle Martin. Enfin, c'est notre seul enfant, vous vous imaginez. C'est notre tout petit.
- Cette année on ne l'a pas beaucoup vu, il a beaucoup travaillé. »

Ma femme demanda l'âge du tout petit Martin.
- « Vingt-deux ans. Il est tout jeune mais il travaille beaucoup.
- Ah.
- Il est DJ dans une boîte de nuit à Nantes. Le Quay West. C'est une boîte branchée pour les jeunes, vous savez. Tenez, voilà votre ordonnance pour la crème. »

Le vilain visage surenchérit.

« Moi j'aurais préféré qu'il fasse comme son père, médecin, mais on ne peut pas forcer un enfant ! Et il s'en sort bien. Cet été il part faire une tournée. En Bretagne. »

Nous apprîmes également qu'il avait de nombreuses petites amourettes, mais rien de bien sérieux et l'important était de se protéger. Eux-mêmes avaient eu quelques flirts depuis leur divorce, et l'ex-épouse s'entendait toujours bien avec les nouvelles copines du gynéco.

« C'est qu'on est pareilles, il ne les choisit pas au hasard ! »

Ah c'est sûr... si elles ont toutes le même visage...

Quand ils en eurent fini avec leur propre histoire, on put passer à la nôtre. La brune sortit en disant quelque chose comme : « Je t'attends pour le lunch, à plus, bisous bisous ». Le gynéco nous expliqua combien il y allait avoir de rendez-vous, de grandes étapes, de vergetures. Puis, il nous congédia et courut rejoindre sa brune.

Pour autant n'en avais-je pas fini avec les médecins. Je devais prendre rendez-vous chez le cancérologue du CHU pour qu'il effectuât un deuxième contrôle de mon intérieur. Les douleurs avaient quasiment disparu et elles ne revenaient que de temps à autres. Je me disais que c'étaient des réminiscences : comme ces amputés qui croient encore sentir le membre qu'ils n'ont plus.

D'autre part, avec tous les médecins que j'étais allé voir en quelques mois, je n'avais pas besoin d'être amputé pour que la Sécurité Sociale pût sentir la douleur de devoir me rembourser.

En raccrochant le téléphone après avoir pris rendez-vous, celui-ci se remit à frétiller. C'était ma sœur.

- « On pourrait peut-être se voir en fin d'après-midi ? Tu fais quoi ? Je t'invite à prendre un café.
- Non je peux pas, je dois passer chez Leroy-Merlin.
- Qu'est-ce que tu vas faire chez Leroy-Merlin ??
- Oh, mais qu'est-ce que ça peut te foutre ! Je dois acheter de la peinture ! Couleur abricot… »

Nous arrangeâmes un autre créneau pour le café. Elle m'en proposa plusieurs mais j'avais tout le temps quelque chose à faire. Nous convînmes finalement de nous voir la semaine suivante.

Je n'aurais pas dû parler si sèchement à ma sœur, mais je ne pouvais pas savoir qu'elle n'allait pas bien. Quand on ne va pas bien, il faut le dire, les gens ne peuvent pas deviner. Et puis moi aussi j'avais des problèmes, tout le monde a des problèmes, du concierge suicidaire au Premier Ministre. Ma femme aussi, en avait, à devoir concilier sa grossesse avec l'année scolaire qui démarrait. Ma sœur n'était pas l'exception qui avait la priorité sur tout, alors si elle n'allait pas bien, il fallait le dire !

- « Coucou ma chérie.
- Déjà ? Super !
- Oui, ça s'est très bien passé, le catcheur a dit que tout allait bien !
- Le catcheur ?
- Non le médecin.
- Tu as dit le catcheur.
- Non.
- Mais si…
- Mais je sais quand même ce que j'ai dit ! »

Ma femme me regarda avec les yeux écarquillés du chinchard hors de l'eau. Qu'y pouvais-je ? Les gens comme moi, les menteurs, les sûrs d'eux, en un mot les crétins, n'avouent jamais qu'ils ont tort. Nous avons toujours raison, on a ça dans le sang, dans le cœur et dans la mauvaise foi. L'important n'est pas de bien mentir, il faut savoir nier en bloc. Ce qui est vrai, ce qui ne l'est pas, tout est à fourrer dans le même sacrilège à la vérité. Ce qu'il faut, c'est être abrupt, ne pas faire de concession. Argumenter est le début de l'échec quand on sait qu'on a tort mais qu'on veut le cacher ; bien peu d'hommes politiques le savent. La victoire tend les bras à ceux qui savent affirmer n'importe quoi sans sourciller : l'interlocuteur se fatigue et il cède, c'est humain.

C'est comme oublier d'éteindre la lumière, votre femme saura que c'est vous puisque ce n'est pas elle et que personne d'autre ne vit ici. Mais quand elle vous accusera, vous devrez répondre que ce n'est pas vous, vous mentirez de façon éhontée. Personne n'en sera dupe mais vous le ferez quand même, et votre femme finira par avoir le doute. Votre action deviendra aussi incertaine que l'existence de Dieu. Ça vous rendra heureux comme une vache dans son pré puis vous passerez à autre chose.

Jusqu'au jour où vous recommencerez.

Mais que peut-on y faire, ce sont les gènes qui commandent. Et avec le père que je me traînais, je ne risquais pas d'être le Chevalier (sans Peur) et sans Reproche. On pouvait me jeter des pelletées de reproches en plein visage, des seaux, des sacs de cinquante litres, des bétonneuses, de tout !

Mais je n'étais pas un mauvais mari. Au début de sa grossesse, quand elle vomissait pour un oui et pour un non, j'étais un véritable amour et je lui apportais des fleurs. Tous les jours, elle avait un petit bouquet de plus et on allait bientôt devoir racheter des vases. Aussi espérais-je qu'elle cessât de rendre ; mais allez dire ça à une femme enceinte : c'est fatiguée et hormonale. Les sexes faibles n'ont vraiment pas de pot. Dieu aurait pu penser à un système plus pratique que la couvée monoparentale de neuf mois.

- « Mais le médecin alors, tu m'as pas raconté.
- C'est allé très vite, tu sais, il m'a posé des questions et puis j'ai fait les examens, comme la dernière fois.
- Et il t'a dit que tout allait bien ?

- Oui.
- Bon.
- J'ai pris un dernier rendez-vous. Et après, c'est terminé ! »

Le soir même, je me rendis à Nantes pour y voir ma sœur. J'avais réservé dans un restaurant de poisson qui s'appelait de façon originale « La Poissonnerie » et qui avait la particularité d'être un endroit haut de gamme dans le quartier des sex shops. Entre les rues où l'on vendait du poppers et des DVD gravés d'« Un dimanche après-midi sur l'île de la Grande Chatte », au tournant des néons roses et des dessins de zigounettes aguicheuses, on pouvait trouver ce petit régal de restaurant. C'était d'ailleurs là que j'avais emmené ma sœur, la veille de son départ autour du monde.

Nous étions de nouveau tous les deux dans ce restaurant. Je trouvais ça nostalgique et charmant. Elle, non, elle ne respirait pas la bonne humeur.

- « Hier je suis allée au théâtre.
- Ah ouais ? Voir quoi ?
- Heu… c'est pas ça… en fait, devant moi y avait ce type, un mec blond aux cheveux bouclés.
- …
- Je sais, c'est con. Je sais pas pourquoi, tu vois c'est vraiment, je… ça m'a fait penser… »

Elle n'avait pas besoin de finir ses phrases, nous n'avions connu qu'un seul blond aux cheveux bouclés : son amour de jeunesse, mon lamentable ami d'enfance, celui qui avait décidé que Cuba lui convenait mieux que ma sœur. Je me fis doux comme un agneau, je savais que c'était un sujet sensible.

- « Tu sais, si ça t'obsède trop… tu as pensé à aller voir un médecin ?
- Oui, mais je vois pas en quoi ça pourrait m'aider.
- Ce sont des gens dont le métier est d'écouter les autres et de les comprendre.
- Oui mais j'ai pas besoin de ça. Je sais très bien ce qui cloche.
- Alors dis-moi…
- Je suis encore, enfin… »

Elle avait décidé qu'elle ne pouvait pas continuer de cette façon, à attendre un fantôme, et qu'il fallait y mettre un terme pour gna gna gna… Elle voulait retourner à Cuba et essayer de l'y retrouver, pour s'expliquer avec lui, dire au revoir et passer à autre chose.

Le serveur nous apporta un plateau de fruits de mer dans le silence absolu que demandait ce genre d'endroit, et Dieu m'est témoin que pas une fourchette ne tintinnabula. Il reparti ensuite dans un glissement sur le côté en nous laissant avec les bulots qui avaient l'air plus heureux que ma sœur même s'ils étaient morts cuits. Nous reprîmes la conversation.

Qu'est-ce que c'étaient que ces histoires ? Elle était devenue folle ? Non, elle avait beaucoup réfléchi et c'était ce qu'elle avait de mieux à faire, elle partait le mois prochain. Et elle comptait vraiment s'expliquer avec lui ? Non, en fait elle espérait qu'il fût toujours amoureux et qu'il décidât de l'épouser dans ce beau pays de soleil et de danses folkloriques. « Tu es aussi bête que lui » avais-je envie de dire. Mais je dis plutôt : « Si c'est ce qui est nécessaire, alors je suis de ton côté ». Je ne sais pas ce qui me retînt de lui dire ce que je pensais. Une multitude de facteurs provoquent un résultat : celui-ci ne dérogeait pas à la règle et, en y repensant, je ne sais pas si c'était le fait d'attendre un enfant, d'aimer ma sœur ou d'être un sale égoïste qui, malgré ce qu'il disait, mourrait d'envie d'avoir des nouvelles de son plus vieux copain.

Quoiqu'il en fût ma sœur avait pris une décision et elle était tellement bornée qu'essayer de lui faire entendre raison n'était pas envisageable ; ç'aurait été comme mettre des lacets à une chaussure à scratch, se rendre à la banque un dimanche matin, tenter de se saouler au cidre, entre autres.

Les semaines passaient et je me soumettais aux caprices incessants de ma blonde. Un jour, il fallait manger léger. Le lendemain, elle voulait une côte de bœuf. Un jour, il fallait faire briller l'appartement. Le lendemain, elle n'avait pas le courage de prendre sa douche. Seules ses envies urinaires nocturnes ne variaient pas, ainsi que ses sautes d'œstrogènes qui la faisaient se jeter sur moi de temps à autre, comme une fan sur Jean-Claude Crystal, le célèbre animateur des soirées nantaises, lunettes noires et boule à facettes – et j'ai tous les nantais derrière moi quand j'écris ces mots.

Dieu, que ma blonde était chiante... et tout ça était dû au fait qu'elle portait le bébé seule et que je n'avais rien à faire.

« C'est MOI qui porte bébé et toi tu n'as rien à faire ! »

Le discours d'une femme enceinte est confus : piapiapia, caprice, je suis grosse à cause de toi, piapiapia, chocolat, caprice, et ainsi de suite.

Dieu aurait pu trouver un autre système qu'affubler la femme de toutes les hormones du monde, la rendant pire que le Diable quand elle n'était plus la seule dans son corps. Au lieu de passer son dimanche à glandouiller au soleil, en mangeant les frites qu'Il avait créées les jours d'avant, Il aurait pu doter les humains d'un moyen de s'échanger le fœtus pour un partage équitable de la grossesse. Un genre de tuyau de transfert unisexe. Mais Il n'en fit rien et Il passa son dimanche à roupiller à l'ombre des arbres en buvant de la Salvetat.

Dieu n'est pas un workaholic, nous ne pourrons jamais nous comprendre.

Voilà pourquoi la Bible contient tout un passage injustifiable sur la grossesse. Ève, le manque d'obéissance, Dieu qui punit en disant : « Puisque c'est comme ça, tu mettras au monde dans la souffrance et parfois même tu pousseras si fort que ton périnée se déchirera et les médecins devront te recoudre et tu n'imagines même pas à quel point tu couineras tant j'ai mis de douleur dans cette déchirure ». Ce sont des inepties écrites pour masquer le manque de travail de Dieu.

Faire souffrir la femme comme elle souffre lors d'un accouchement est mal interprété. Ce n'est pas la punition que Dieu assena à Ève pour avoir mangé une pomme lui conférant la possibilité de couvrir son sexe, de voir plus loin que ses chiffons et de faire les mêmes études qu'Adam. C'est autre chose. Encore que malgré cette pomme, Ève mit un certain temps à s'apercevoir de ça – jusqu'en 1960, en fait.

Nous en discutions beaucoup avec ma sœur, quand nous étions plus jeunes. Et nous en étions arrivés à la même conclusion : ce passage de la Bible regroupe les mensonges qu'on raconte aux enfants et aux dévots pour leur faire peur de l'amour hors mariage. Avec ce passage et la lutte anti-préservatifs, on est sûr au moins que les participants des JMJ ne joueront à touche-pipi qu'après s'être mariés. Les femmes qui tombent enceintes après avoir trébuché sur une pomme savent ce qu'elles encourent : elles vont souffrir et ce sera bien fait pour elles. Les femmes embagousées, quant à elles, seront sujettes à la même douleur mais Dieu sera de leur côté. Et ça, c'est comme voir le sourire de sa sœur quand on vient de lui fêter ses vingt-quatre ans pour un demi-mois de salaire : ça n'a pas de prix.

C'est vrai. Le temps passait pour tout le monde, y compris pour ma sœur. J'avais voulu faire les choses en grand pour son anniversaire, quelque chose dont elle pût se souvenir avant de partir à Cuba : une semaine hors saison sur la Côte d'Azur pour elle et sa grande gigue de copine. Elles avaient séjourné à l'hôtel Negresco, elles s'étaient acheté des lunettes de soleil affreuses, avaient couru sur la Promenade des Anglais, s'étaient faites masser par de véritables thaïlandaises niçoises. Mais leur vraie nature avait repris le dessus et elles avaient fini autour d'une assiette de socca à 4 euros dans le vieux Nice.

Ma femme, au contraire, n'était pas contente de cette semaine de vacances ; elle n'y voyait aucun intérêt puisque ma sœur n'était pas du genre à aimer le luxe. Pour elle, c'était du gaspillage d'argent. Elle avait raison, mais je voulais sans doute montrer à ma sœur qu'on pouvait s'accommoder de l'occident et qu'on n'était pas obligé d'être un paysan cubain pour être heureux. Et de toute façon, ça n'était qu'un tiers de mois de salaire. Et de toute façon, nous avions rendez-vous chez le gynéco.

« Ah ! La première échographie ! »

Le père du petit Martin – de formation DJ – avait l'air heureux comme tout en badigeonnant ma femme de lubrifiant. Il nous expliqua l'image qui s'affichait, ce qu'on n'y voyait pas mais qui était présent à la bonne place. Nous nous contentions d'acquiescer avec un air ahuri. Ici étaient la tête, les doigts, le cordon. Je ne faisais pas la différence mais je disais oui quand même. Comment fait-on la différence entre un têtard et un autre têtard ? On ne peut pas. On fait semblant.

Tous les futurs parents font ça ; avec tout ce qu'on a subi de niaiseries pour les enfants des autres, ça serait un monde de devoir s'en priver quand ça nous arrive. L'échographie ne m'évoquait pas grand-chose, ou plutôt plein de choses comme un petit crapaud, un dragon, ou un rebus de la nature. Mais pas un bébé d'homme. Pourtant c'était mon échographie et je la trouvais belle. Tous les futurs parents trouvent ça beau. Certains même l'accrochent au mur de leur salon, c'est idiot mais ça serait dommage de s'en priver.

Notre fœtus allait bien, il respirait la santé. Nous pouvions rentrer chez nous et j'allai regarder « Les Experts à Las Vegas » sur TF1.

- « Ah vous regardez Les Experts ?
- Oui, j'aime bien.

- Moi aussi ! C'est marrant.
- J'aime bien le fait qu'ils résolvent des énigmes. C'est sympa, et puis c'est bien fait.
- Ah ouaaais, vous avez vu tous ces gros plans, du genre microscope ?
- Oui, c'est super bien fait. »
- Il nous rendit la Carte Vitale.
- « Et c'est qui votre préféré ?
- Mon… ?
- Votre… ok. »

Nous savions tous les trois que nous avions passé l'âge d'avoir un préféré. Ma femme prit les devants par gentillesse.

- « Grisson, c'est mon préféré.
- Ah le chef, oui !
- Et vous docteur ?
- Sarah, la petite brune…hum… »

Nous nous dîmes au revoir en discutant de l'épisode où Grisson reconstitue un cadavre entier à partir de ses ossements, qui sont cachés dans le sous-sol d'un hôtel de Las Vegas. On découvre que c'est le corps adulte d'un enfant qui a été enlevé vingt ans auparavant, et qu'il était lui-même devenu un assassin cherchant à kidnapper d'autres enfants pour reproduire le schéma psychotique qu'il avait subi. Les preuves scientifiques prouvent qu'il est mort par accident au cours d'un week-end à l'hôtel Golden Nugget, une épingle à nourrice plantée dans le pied gauche.

IV

Beaucoup de souvenirs me revenaient depuis que ma sœur avait annoncé son départ pour Cuba. « Imagine, si on devait subir cent fois ce qu'on fait subir aux autres... certaines personnes seraient mortes d'ennui... »

Mon copain à demi norvégien n'avait pas la langue d'un pendu ; il s'en servait même fort bien. Surtout pour emmerder le monde. Tous les gens au-dessus de lui, dans n'importe laquelle des hiérarchies, tous les grands, les adultes, les aînés, tous ces gens-là étaient l'Ennemi. Il se plaçait du côté des plus faibles pour pouvoir cracher sur les plus forts, comme un soixante-huitard qui n'aurait pas compris l'objectif réel des évènements.

« Mon père est... un vrai débile. Il part bosser, il rentre, il mange, il dort. Pas d'avenir. »

Je ne pouvais pas en dire autant du mien, mon père n'était pas un vrai débile mais un vrai menteur et ça ne m'intéressait pas de lui cracher tout mon venin d'adolescent. De toute façon, le Norvégien s'en chargeait pour deux. Et il y en avait pour tout le monde, de petites claques verbales en taquineries insultantes. Nos professeurs, surtout, depuis le collège, en prenaient pour leur grade.

Je me souviens que le mathématicien renommé de notre classe de Sup était soumis aux invectives plus que les autres. Le Norvégien ne l'aimait pas, pour diverses raisons comme sa postiche et son incapacité à enseigner quoi que ce fût. C'était effectivement un très mauvais professeur, et très vieux. La classe ne l'aimait pas non plus… ce n'était finalement qu'un pauvre homme qui, aujourd'hui, doit être mort de vieillesse – ou d'ennui, ce qui ne serait que justice.

Ma sœur était en train de faire ses bagages. Le mois était passé plus vite que prévu. Je lui dis quelque chose comme : « Tu es à peine revenue en France que tu repars déjà. Tu veux pas rester un peu plus ? »

Elle sourit et rétorqua : « Tu sais, je pense qu'en fait je suis mieux à l'étranger. Je pense pas que je pourrais faire comme toi, aller travailler tous les jours au même endroit… ça m'angoisserait à mort. »

Je fus surpris.

- « Je ne travaille pas tous les jours au même endroit.
- Oui mais tu restes en France.
- Et alors ?
- Mais rien enfin, je réponds simplement à ta question. »

Moi j'aimais bien aller à l'usine… d'ailleurs, j'avais toujours considéré comme prioritaire de rester en France, et surtout chez moi, dans la région nantaise. Je m'y plaisais, je ne voyais pas pourquoi j'aurais dû chercher ailleurs. Prendre l'avion, parler anglais, c'était gonflant. Je n'aimais pas qu'on me parlât en autre chose qu'en français. Les rares voyages que j'avais dû faire à l'étranger, pour le travail, m'avaient planté de belles épines dans le pied et ma femme avait dû les ôter la veille de mes départs à grands renforts de mnémotechnie.

- « Tiens je t'ai écrit une phrase, vas-y lis-la.

- …j'en reviens pas.
- Lis-la au lieu de geindre !
- Hello sir, would you indicate me…
- Would you indikèèèit me….
- J'en reviens pas, le français était la langue diplomatique jusqu'à y a pas si longtemps que ça… et aujourd'hui je dois me faire chier avec…
- Tu n'es pas diplomate.
- Ah bon ?
- Allez…
- Hello sir, would you indikèèèit me the icse icse icse street ?
- Bon c'est… non mais ça peut aller… pour le indikèèèite t'as qu'à penser à Kate, le prénom. Comme Kate Winslet de Titanic.
- … ?
- Bah oui… tu sais… l'actrice de… bon. »

J'en étais au niveau zéro de bonne volonté.

A l'école, déjà, j'accumulais les ronds en cours de langue mais les professeurs ne disaient rien parce que j'étais bon dans le reste. J'étais l'élève dissipé mais qui devait tout de même faire quelque chose de sa vie ; l'espoir qu'on met en vous justifie vos bavardages. On me laissait buissonner les cours d'anglais et j'arrivais l'heure suivante, en sciences physiques, je bavardais en faisant les exercices et comme je finissais avant les autres, je passais le reste du cours à bavarder en ne faisant rien du tout.

Mais par-dessus tout, aux yeux des professeurs, j'étais influençable. Ce mot-là vous sauve une scolarité. J'évitais souvent les heures de colle et le Norvégien prenait pour deux. Du coup, j'étais bien plus fort que lui à Tetris.

Ma sœur continuait de faire ses valises.

- « Tiens, tu veux bien me plier ces t-shirts ?
- Qui suis-je ? La boniche ?
- Oh allez, aide-moi.
- D'accord, mais sache que c'est à contrecœur.
- T'es con. »

Elle souriait.

« J'ai jamais compris pourquoi il était parti à Cuba. »

Moi non plus ; et je pense que personne n'était au courant à part lui. Avait-ce été sur un coup de tête, de dés, du destin ? Il n'en avait pas parlé jusqu'à la fin de la prépa, au moment des concours pour les écoles d'ingénieurs.

« C'est vraiment pas pour moi. Je mets les voiles. »

Ça c'est la phrase qui résonne. J'avais cherché plusieurs raisons possibles et j'avais fini par me dire que c'était un con. Ma sœur, en revanche, lui avait trouvé mille excuses.

- « Depuis qu'il est parti, tu n'y penses jamais ?
- Mais si, mais je vais pas passer mon temps à ça. On oublie au fur et à mesure, voilà.
- Et ça ne te fait rien…
- Non, enfin si, enfin… je pense à lui quand je mange du saumon de Norvège. »

Je mentais. Ma sœur prit son air outré et boucla la première valise. La vérité, celle que je n'aurais jamais avouée au vu des gènes paternels, c'était que l'absence du Norvégien m'avait obsédé. Je m'étais senti comme un chien qu'on abandonne sur une autoroute aoûtienne. Je pensais à lui quand je passais dans les rues où nous étions passés, quand j'entendais du jazz, quand je mangeais des tartines. Les Norvégiens aiment les tartines. Une année, il m'avait invité dans sa famille, du côté de sa mère. Ils se faisaient des tartines de tout avant partir au travail et pour les transporter, ils les enveloppaient dans de la cellophane. Ils perdaient la moitié de la garniture, de vrais ânes bâtés. Mais quand je leur conseillai de mettre deux tartines l'une sur l'autre pour pouvoir les transporter plus facilement, ils me répondirent dans un français quasi-parfait : « Non voyons, ça ferait un sandwich » – sauf qu'ils avaient prononcé sandwich à l'américaine…

La vérité, celle que je n'aurais jamais avouée, c'était qu'il me manquait. J'étais plus intelligent que ma sœur, s'il était parti c'est qu'il savait qu'on n'allait pas lui manquer. Cette situation à sens unique piquait ma fierté d'homme : il était parti à Cuba, qu'il y restât, ça n'allait pas changer ma vie. Quand les gens s'en vont il faut tourner la page. Ce sont les gens qui restent, qui sont importants.

Ma sœur avait fini ses valises. Nous dînâmes ensemble avec mon père. Le menteur masqué nous offrit, comme toujours, un spectacle déroutant. Je me dis que finalement, mon père se comportait comme un poète médiéval : il racontait des histoires contre un bon repas chaud.

« Tu sais Cuba, on pourra dire ce qu'on voudra, mais y a encore les tickets de rationnement là-bas. C'est un pays de pauvres, fais attention. Ils sont beaux tous les jeunes avec leurs t-shirts du Che, mais Cuba c'est pas le paradis que tout le monde s'imagine. Je le sais bien, j'y ai vécu. Castro et son frère, ce sont des bons penseurs, mais ils sont trop vieux pour gouverner maintenant. Bon, faut admettre que c'était une bonne idée leur modèle communiste. Ç'aurait dû fonctionner, enfin je pense. Mais ils l'ont pas appliqué comme il fallait alors ça a tout ruiné. »

Un peu de soubressade pour finir le repas.

« Maintenant Cuba y a plus rien, y a même plus la volonté de faire quelque chose. Enfin, tout ça c'est des histoires de Mouvement. Avant, y avait un objectif, y avaient des camps de concentration et on y foutait les opposants et les homos. Attention hein je dis pas que c'est bien ! C'était honteux, même. Mais maintenant, y a plus que de la misère et des touristes. Je vous le dis, moi, Castro au pouvoir, ça durera plus longtemps. Alors toi, ma petite, fais bien attention. Va pas te laisser manger par ce pays. »

Le tout était d'acquiescer, il n'en fallait pas plus pour le rendre heureux. Pauvre vieil homme, avec son air fripé, rigolo et pathétique. S'il avait su à quel point on ne le croyait pas, il serait mort de chagrin.

Le lendemain matin, ma sœur s'envola en classe Eco retrouver l'amour de ses amours. Ma femme me dit : « Je suis sûre qu'elle va revenir dans pas longtemps. Je le sens. Il faudra qu'on soit là pour elle quand elle rentrera ». Je sentais le contraire, mais nous ne faisions pas un concours de suppositions ; et surtout, je n'allais pas contredire une femme dont l'utérus était habité. Comme je l'ai déjà dit, chaque détail de la vie quotidienne était devenu un enfer à domicile et elle, d'une nature blonde et adorable, se mettait à hurler comme une hyène.

- « T'as pris ta douche ??
- Oui. Pourquoi ?
- T'as bien frotté les pieds ?
- Mais oui, enfin ! Pourquoi ?
- Tu refiles pas tes mycoses au bébé, c'est clair ?!
- ...? »

Je n'avais jamais eu de mycose, ni de verrue, des pieds irréprochables et des ongles blancs comme neige et de toute façon : comment en était-elle venue à se dire que mes pieds pouvaient transmettre une mycose à son intérieur ? Il fallait être déséquilibrée ou enceinte pour s'imaginer des choses pareilles.

La date de mon dernier examen de vérification arriva avec ses gros sabots. Je me rendis à l'hôpital en habitué. J'étais le seul dans la salle d'attente et je n'eus pas à y rester longtemps. Où étaient-ils, les malades, les cancéreux ? Étaient-ils en vacances ? Avaient-ils besoin de temps pour prendre du recul, pour prévoir leur mort, lister ce qu'ils allaient laisser, emporter, toutes ces choses auxquelles on ne pensait pas, nous les bien-portants ?

Le médecin me serra la main. Il retroussa ses manches en riant de la chaleur de l'automne. Les bons médecins savent faire semblant de badiner avec tout le monde. Quand ils prennent un air sérieux, c'est que c'est grave. Ils ont des aptitudes de comédiens que les autres n'ont pas. Médecin-Acteur, voilà une profession qui ferait un tabac ; mais ils gagneraient trop d'argent, ça ne serait pas juste.

Au vu de la banane qu'arborait le docteur, je n'avais pas de raison de m'inquiéter. Mais malgré tout, il faisait les choses consciencieusement. Il me posa sa série de questions et quand je n'étais pas clair, il me fallait préciser. Puis, j'allai à la radio rendre une visite de courtoisie aux infirmières en stage. On m'examina de fond en comble, comme lors des examens précédents. Je n'avais même plus de pudeur à me déshabiller devant le scanner froid qui devait m'accueillir de tout mon long. J'étais même capable de bomber légèrement le torse – mais pas trop, sinon je couinais.

Après quoi je retournai voir mon ami le bienheureux. Comme j'étais le seul patient du moment, nous attendîmes ensemble les résultats des radios. Il me raconta sa vie et ce n'était pas de tout repos : pour lui, parce qu'il allait de frasque en frasque depuis le divorce de ses parents et pour moi, à cause de l'haleine qu'il devait traîner comme sa réputation d'enfant difficile : « sans que ça s'estompe ». Trop de bagarres au compteur l'avaient empêché de se faire des amis. Sa bouche, lâchant une odeur fétide dans les salles de classe mal aérées, n'avait pas dû arranger les choses. J'avais envie de m'exclamer : « Dieu, que les enfants sont cruels ! »

Le cancérologue reçut enfin mes radios. Il s'assit à son bureau et j'attendis le *tout va bien* qui m'avait fait frétiller de vie les fois d'avant. Mais en fait d'explosion de joie, il posa les radios sur son bureau et prit un air sérieux. Mes mains devinrent moites.

- « Alors… c'est pas très bon tout ça. Le scanner a montré que les cellules cancéreuses de votre pancréas se sont multipliées. Vous m'avez bien dit que la douleur ne s'était toujours pas estompée ?
- Pas complètement non.
- La douleur aurait dû disparaître après l'opération. Je ne vais pas vous mentir. Les cellules cancéreuses se sont multipliées, regardez, là on peut le voir très nettement. »

Je ne vis rien ; une radio est une radio.

- « …comment ça elles se sont multipliées.
- Oui, et elles sont relativement nombreuses. Je vais avoir besoin d'analyses complémentaires.
- …mais enfin c'est…
- Je vais appeler la radiologie pour savoir s'ils ont le temps de vous prendre ce soir.
- Quoi ? Mais non.
- …je vais être direct. Un adénocarcinome, ce n'est pas à prendre à la légère. Il y a parfois des rechutes après l'opération.
- Des rechutes.
- Oui et… à vrai dire, il y en a souvent.
- Comment ça souvent ! Pas du tout.
- Écoutez, je veux d'autres examens pour avoir un diagnostic clair à vous fournir. On a dû vous prévenir qu'il y avait des risques de rechute même après l'opération. Je veux juste vérifier que malgré cette

multiplication des cellules, nous allons pouvoir les maîtriser.
- Vous aller devoir m'opérer encore une fois ? Mais attendez, vous croyez que ça m'amuse ?
- Calmez-vous, si les cellules cancéreuses sont encore localisées, on vous opérera à nouveau. Mais si on ne peut pas, il faudra entamer un traitement et certainement se faire hospitaliser. Votre cancer a repris son développement, il faut être prudent, vous comprenez ? »

Ma gorge se serra. Mon cancer ? Qu'est-ce que c'était que cette formulation ? Et pourquoi avait-il repris son développement ? On ne m'avait prévenu de rien. On m'avait vendu le plus grand chirurgien de la côte ouest et on m'avait prédit une guérison rapide ; on m'avait demandé de faire confiance et il ne devait pas y avoir de rechute. Ces autres examens à faire ne me plaisaient pas.

Aucune rechute n'était programmée, le mal à l'abdomen ne s'était pas estompé après l'opération mais ça devait être une fatigue ou une crampe. Ça ne pouvait pas être le diable qui me mangeait à nouveau l'intérieur. Le docteur passa un coup de téléphone et me dit qu'on pouvait aller directement à la radiologie, que c'était bien, que je n'allais pas devoir revenir le lendemain. Quel imbécile, quel con, quel imbécile de con, si c'était la rechute, je ne risquais pas de revenir où que ce fût.

La rechute… quand ça s'adresse à vous, c'est comme la guerre. C'est tenter une paix et voir que votre corps n'a pas signé ; il veut plus de libertés et de pouvoir d'achat, moins de privilèges et de racisme. Votre corps est compliqué et vous n'arrivez pas à le comprendre. La rechute est alors un mot qui prend du sens, comme faim, sommeil, amour. Et de savoir que votre corps réagit à des stimuli tels que l'appel du ventre pour manger et de la nature pour pisser, vous comprenez qu'il est primaire et qu'il sera difficile de négocier avec lui.

Le scanner dura plus longtemps qu'à l'ordinaire, j'eus même droit à une échoendoscopie. On prit suffisamment de clichés de mon intérieur pour en faire une exposition au Musée du Louvre. Mais j'avais l'habitude de me faire scruter, enfin je crois.

La jeune stagiaire, celle qui prenait les photos, tentait de se montrer rassurante :

- « Vous savez, il y a de gros enjeux avec la maladie que vous avez. Le fait d'avoir des examens complémentaires permettra au docteur de vous proposer un traitement au plus vite, et le plus adapté à votre cas.
- Oui, mais je ne suis plus malade.
- … »

Je comprenais l'enjeu de la situation mais il était hors de question qu'on me trouvât à nouveau en train de claquer. Les rares souvenirs que j'ai de ce moment, c'est que je n'étais pas d'accord. Je n'étais pas d'accord, aussi n'y aurait-il pas de rechute. J'étais prêt à négocier avec mon corps et j'utiliserais la force si nécessaire. J'étais encore celui qui gouvernait, je n'allais pas me laisser dicter ma vie par une poignée de cellules. Tel de Gaulle pendant la Seconde Guerre Mondiale, j'allais rétablir l'ordre sans céder à l'Ennemi ; et tel Sardou qui chantait « si les ricains n'étaient pas là, vous seriez tous en Germanie », j'entonnerais l'air de la victoire lorsque j'aurais bouté la mort hors de mes frontières.

Je pouvais y arriver et je n'allais pas me laisser convaincre par mon médecin qui, en Pétain de fortune, allait certainement me proposer un traitement doux avant l'explosion définitive de mon territoire. Il pouvait exploser ! Le démon pouvait me menacer et faire sauter mes ponts, rien que par la pensée je le dompterais, je le materais, je lui ferais savoir qui est le Général.

En réalité – je peux l'écrire aujourd'hui – j'étais moins théâtral que ce que je raconte. On n'aurait pas pu faire l'Histoire avec mes états d'âme. Je repris mes esprits lentement, en attendant les résultats. Cette attente me parut longue comme le couloir de la mort et en fait de courage, je me sentais comme la plupart des prisonniers avant la sentence : j'angoissais. Où était l'homme fort que j'avais laissé paraître ? Il était au fond de son slip, à se ronger les ongles jusqu'à l'os.

La réponse que j'allais avoir, ce qu'allait dire mon corps au gentil catcheur pouvait changer beaucoup de choses et surtout, ça pouvait me faire perdre les cheveux. J'étais en colère et je cherchais une solution. Il n'y en avait pas : je ne pouvais qu'attendre et si mes cheveux devaient tomber, j'achèterais des implants et je trouverais un remplaçant pour l'usine et pour ma femme. Je désignerais quelqu'un pour peindre le bureau et commander des pain-surprises. Cette idée me faisait couiner de tristesse pour moi-même. Je n'allais quand même pas rechuter, je n'allais pas mourir, j'avais tellement de choses à faire.

Il paraît qu'on mesure l'estime qu'on a de soi en pensant à sa propre mort. Moi, je devais aimer mon ramage autant que mon plumage.

Et si je devais vraiment mourir ? Quelle merde, non, Dieu avait déjà pris l'abbé Pierre, Michel Serrault et Anna Nicole Smith, il devait me laisser sur Terre ; pas tous les grands d'un coup.

Mon téléphone se mit à vibrer et je sursautai. C'était ma femme.

- « Allô ?
- Allô, les chiottes ont débordés !!
- Quoi ?
- Les toilettes ont un problème, ça fuit, ça coule, je sais pas quoi faire !!
- Mais calme-toi, quoi ?
- Ça fuit !!
- C'est où que ça fuit ?
- Mais j'en sais rien, bordel ! Y a de la merde partout sur le sol et j'éponge, voilà ! »

L'hystérique hormonale avait repris le dessus. Elle braillait et s'époumonait, comme si le fait de parler fort dans le combiné allait changer quelque chose à ses déboires fécaux. Mariez-vous… vous partagerez tout, même les aventures de caca. Ma vie ne tenait qu'au fil d'un diagnostic et je ne pouvais même pas m'apitoyer sur mon sort : il fallait que je m'occupasse des problèmes de tuyauterie du ménage.

- « T'as bientôt fini ? Tu reviens bientôt ? Il faut que tu viennes m'aider, j'en ai marre !

- Mais ma chérie, qu'est-ce que tu veux que je te dise.
- … !!
- Bah quoi. C'est la vie, c'est pas Hollywood.
- Viens m'aider, tout de suite !!
- Je… suis sur le chemin du retour. Appelle un plombier, qu'il vienne dès que possible. Est-ce que tu as jeté un truc dans les toilettes qui aurait pu les boucher ?
- Nooon !!
- Bon bon, j'arrive dès que possible.
- Dépêche-toi d'accord, j'ai vraiment besoin de toi ! »

Je raccrochai et retombai aussi sec dans mes considérations personnelles. Ma femme était enceinte et affaiblie mais j'étais peut-être à nouveau malade : c'était plus fort dans la hiérarchie des emmerdements.

Un million d'années plus tard, le gentil catcheur vînt me chercher et je me retrouvai de nouveau face à lui, avec ses allures hospitalières. J'entendis sonner le glas de l'horloge murale, ça n'était vraiment pas bon signe.

« Il va falloir être courageux, je vais vous donner la situation et je vais être direct ».

Ça n'était pas bon signe, pas bon signe, mais je fixais l'épaule gauche de mon interlocuteur en acquiesçant.

« Les examens que vous venez de faire montrent que la maladie s'est remise à progresser. Elle a beaucoup avancé et elle a atteint le foie ».

Il marqua une pause pour vérifier ma réaction. Aucune réaction.

« Ça n'est pas opérable, je regrette ».

Mes yeux ne se précipitèrent pas dans les siens comme on le voit au cinéma. Ils restèrent sur l'épaule gauche, à ne rien faire, tels deux mollusques agrippés à leur rocher au moment où le pêcheur vient les ôter à la vie. Ils ne demandent rien à personne, ces mollusques, et voilà qu'ils ne comprennent plus ce qui leur arrive. Le sort en a décidé ainsi et ils finissent dans l'assiette d'un nantais gros et de sa femme emperlousée de toutes les huîtres qu'elle a aspirées depuis sa toute jeunesse, dans un bruit de succion clapotant.

« Il va falloir vous faire hospitaliser. Je regrette vraiment qu'on ne puisse pas vous opérer. Il va y avoir… on va commencer un traitement, une chimiothérapie. Ça calmera les douleurs et ralentira les effets de la maladie ».

Ralentir ? Mais ça n'était pas suffisant. Ralentir, c'était de la merde.

« Vous savez, il va falloir être fort mais il y a des chances. Je veux dire, on prévoit très mal l'évolution de ce genre de maladies. Je ne peux pas me prononcer plus que ça. Votre état est assez critique mais vous pouvez guérir. Et nous sommes là pour vous aider, en vous hospitalisant on pourra vous donner le meilleur traitement, dans l'environnement le plus favorable à votre guérison. »

Je regardais l'épaule sans rien dire. Il toussa pour donner une consistance à son monologue.

« Oui donc, si j'ai un conseil à vous donner c'est battez-vous, faites la chimiothérapie et croyez-y, le moral a une influence insoupçonnée. Pour l'instant, l'hospitalisation est la seule solution ».

Pour l'instant ? Mes yeux piquaient ; les larmes décidèrent de couler quand même, on n'était pas des bêtes. Le médecin baissa les yeux parce qu'il connaissait la situation. Et puis plus rien, il se tut et nous passâmes près de quarante secondes immobiles à jouer au Roi du Silence. Je décidai finalement de reprendre le dessus, séchai mon visage d'un revers de la manche et m'appuyai sur le dossier de la chaise comme le font les gens sûrs d'eux.

Sans doute que ce fut à ce moment-là que je cessai de comprendre ce qui m'arrivait. En un battement de cils, je me transformais en ce mollusque qui ne maîtrisait pas les évènements et qui était trop con pour les comprendre. Comme quelqu'un qui a un terrible accident de la route et qui ne se rend compte de la gravité de son état qu'après s'être extirpé de la voiture. Je n'ai pas d'explication à fournir sur la façon dont je me comportai alors, encore moins les raisons qui m'y poussèrent, mais je peux dire que je me mis à agir de façon stochastique, comme si mon cerveau était passé en mode tout va bien.

Je me grattai le menton et demandai au médecin de m'expliquer plus avant ce qu'il y avait dans mon ventre. Je lui offris toutes mes dents en échange de ses informations. Mais mon large sourire devait être la vraie demi-lune d'un homme mal dans sa tête. Le médecin parut gêné de ma réaction – on le comprend.

- « Eh bien, quand on vous a opéré vous étiez atteint d'un adénocarcinome en stade T2. On l'a enlevé, et il semble maintenant que la tumeur soit réapparue, quasiment au même endroit mais… comment dire, bien plus mal placée. Elle touche en partie votre foie.
- Et à quel stade en suis-je, s'il vous plaît ?
- …Eh bien T3, je dirais limite… limite T4. C'est toujours difficile à catégoriser.
- Presque T4. »

Je m'accoudai à son bureau en levant les épaules.

- « Mais bon, dites-moi, c'est une maladie grave d'accord. Mais il y a bien des gens qui guérissent.
- Oui, oui, bien sûr ! C'est pour ça qu'il faut vous hospitaliser au plus vite. Plus on commence le traitement tôt, plus vous aurez de chances de guérir. Enfin… guérir… on peut ralentir le grossissement de la tumeur.
- Ralentir. Donc c'est plus du temps en bonus que vous me proposez. »

Il ne sut pas quoi répondre.

- « Dites-moi encore une chose, est-on nombreux à être atteint de cette maladie ?
- C'est… c'est environ 5 000 nouveaux cas en France chaque année.
- Quand même.

- Oui, mais si ça peut vous rassurer, ce n'est que le quatorzième cancer chez l'homme. »

Ce n'était pas rassurant.

- « Seulement le quatorzième. Et qui est le premier s'il vous plaît ?
- Le… cancer du poumon. Pourquoi vous me posez toutes ces questions ?
- Je m'intéresse. Et, vous dites que c'est une maladie grave. Combien de malades en meurent ? Vous diriez combien ? 20 % ? La moitié ? »

Le gentil catcheur commençait à se sentir mal à l'aise, je pouvais le voir à sa façon de passer sa main sur son front en finissant par le sourcil. Sans doute l'odeur de sa bouche lui était-elle enfin montée au nez.

- « Il y a la notion de pronostic sur cinq ans. Ça donne le pourcentage de malades qui sont encore en… qui se sentent mieux au bout de cinq ans de traitement. En ce qui concerne l'adénocarcinome en T3, le pronostic est relativement… faible, c'est…
- C'est combien s'il vous plaît ?
- …environ, à peu près 10 %.
- Ah je vois, donc sur les 5 000 nouveaux malades, on pense que 500 seront encore en vie dans cinq ans.
- C'est… oui…
- Eh bien ! J'espère que je ferais partie de ces 500 ! »

S'en suivirent à nouveau quarante secondes de silence, où je hochai constamment de la tête comme pour dire oui. Puis je me redressai, tapai du plat de mes mains sur mes cuisses et annonçai :

« Allez, au revoir ! »

Je remis ma veste légère et sortis du bureau, talonné par le catcheur qui eut vite fait de me rattraper grâce à ses mollets puissants. Il me prit l'épaule et je dus m'arrêter de peur qu'il ne brisât ma clavicule.

- « Vous n'avez pas l'air de comprendre. Il faut vous faire hospitaliser, c'est le seul moyen de vous aider à guérir.
- Oh mais j'ai bien compris, croyez-moi. Simplement, je ne souhaite pas me faire hospitaliser. C'est gentil, merci.
- Écoutez, je sais que vous venez de subir un choc. Je le comprends. Mais je suis avec vous, d'accord, je suis de votre côté. Je peux vous aider. »

Il se mit à me parler comme à un vrai débile et c'était peut-être la meilleure chose à faire dans la mesure où mes neurones moteurs avaient décidé de transporter des messages au petit bonheur la chance ; je disais n'importe quoi et je dansais la gigue. Il m'expliqua les détails de l'hospitalisation et me fit jurer, en petit malin, de lui téléphoner pour convenir d'une date.

« Je ne peux vous aider que si vous me laisser le faire. »

C'était un excellent comédien. Il aurait fallu le voir parler, les sourcils levés en obliques comme dans les situations tragiques. Il avait dû faire de la pub, dans sa jeunesse. Sans doute une pub de solution pour peaux jeunes, dans laquelle on voit un ado très triste parce qu'il a un furoncle sur la joue le soir des dix-sept ans de Lucie – lui qui avait réussi à se faire inviter – il en parle à son pote Max qui lui file la soluce et il lui reste alors quelques heures pour se laver cent fois le visage et fini les boutons !

Enfin il me serra la main et me laissa repartir chez moi. Je l'entendis me crier des choses jusqu'à ce que ma portière fût refermée. Et puis le contact, Michel Berger dans les oreilles sur « Voyou, voyou », et enfin réaliser qu'il allait falloir en parler à ma blonde avec son petit ballon en guise de ventre, d'autant que je n'allais pas pouvoir mentir, l'angoisse, le manque de courage, le feu rouge, et la voiture garée en diagonale sur la place de parking.

En arrivant chez moi, je trouvai mon père accroupi dans la salle de bain, déguisé en Mario Bros.

- « Eh bah c'est pas trop tôt, ça fait une heure que je t'attends, j'arrive pas à dévisser là, faut que tu m'aides.
- Quoi ?
- Faut dévisser, là ! C'est ici que ça coince !
- T'as appelé un plombier ?
- Elle a essayé…répond pas.
- Il n'y a pas qu'un plombier en Loire-Atlantique !
- Oh, dis, tu me parles autrement. Je suis ton père, j'ai autre chose à faire que tremper mes mains là-dedans pour déboucher tes canalisations.
- Personne te force à rester, Papa. »

Mon père lâcha ses outils en marmonnant quelque chose comme : « Pas m'faire chier ». Il se rendit au salon, où je trouvai ma femme, navigant entre le canapé et la bibliothèque, complètement affolée comme si elle savait déjà.

- « J'ai paniqué, je savais pas quoi faire, j'ai appelé ton père.
- C'est pourtant pas compliqué d'appeler un plombier.
- Il ne répondait pas !
- Mais putain, fallait en essayer un autre ! Oh et puis je vais le faire moi-même. »

Je pris les outils de mon père et retournai à la salle de bain où je tentai une manœuvre stupide pour pas grand-chose puisque je n'arrivai pas à dévisser au bon endroit. Ainsi, ma femme n'avait pas su quoi faire. Elle qui était d'ordinaire si dégourdie. C'était à se demander ce qu'elle ferait quand je lui annoncerais que j'allais entamer une bonne petite chimio.

- « J'y arrive pas.
- Tiens donc.
- Bon Papa, rentre chez toi. J'appelle un plombier.
- Oh tu fais comme tu veux, mais moi je reste becter ici.
- Oh que non.
- Ah si. »

Ma femme prit le parti de mon père. Il s'était déplacé jusqu'ici, en pleine soirée, la moindre des choses était de le garder à dîner.

- « Tiens, je vais reprendre un peu de salade, tu peux me servir ?
- Je te ressers du vin aussi, Papa ?
- Oh, mais juste un peu alors. Une goutte. Voilà pas plus. »

On le couchait rapidement. Il partit se reposer et je passai le reste de la soirée avec ma femme et mon têtard. Il fallait leur parler. Mais ma blonde, avec sa double vie et ses sautes d'humeur... on ne pouvait plus parler. Le mieux était de la laisser se coucher et de ne pas la contredire.

Nous ne devions pas revoir mon père d'un moment, puisqu'il partait d'ordinaire le matin très tôt en évitant de faire du bruit ; mais ce jour-là, je l'entendis refermer la porte. Je ne dormais pas. Je pensais que depuis deux semaines mon fœtus pouvait froncer les sourcils. C'était le gynéco qui m'avait appris ça et je me demandais quelle serait sa réaction quand il apprendrait que son père n'allait pas bien. Froncerait-il les sourcils ?

Au réveil, ma femme prit un petit déjeuner hors du commun des mortels avec des légumes et des All Bran et des vitamines en cachets.

- « J'ai besoin de fibres, c'est le gynéco qui m'a dit ça.
- Ah...
- Faut que j'évite de me constiper à cause du bébé.
- Oui... »

Il y eut un sacré blanc.

- « Je voulais te dire, ça s'est pas très bien passé à l'hôpital.
- Pourquoi ?
- Parce que, je sais pas trop. Apparemment je suis un peu retombé malade. Y a des cellules qui se sont remultipliées, tu vois. En gros, je suis un peu…
- Ah c'est pour ça qu'on t'a attendu des heures ! Prends du jus de fruits, il est vachement bon.
- Oui, enfin ils m'ont gardé un bon moment, pour faire plus d'examens. Disons que ça s'est un peu aggravé.
- Mais tu vas devoir prendre un traitement ? Ça ne finit vraiment jamais hein, ça m'énerve.
- Non, je vais pas prendre un traitement.
- Oh non, c'est chiant ! Tu vas devoir te refaire opérer ?
- Je… non.
- Comment ça non ?
- Je ne vais pas me refaire opérer. Le médecin a dit qu'il pouvait pas. »

Si Dieu existe, il envoya sans doute plus qu'un ange au vu du silence qui envahit la pièce. Ma femme touillait son müesli et mon fœtus fronça certainement les sourcils.

- « Alors quoi ?
- Je vais devoir partir à l'hôpital.
- Mais… non…

- Je vais me faire hospitaliser. C'est le mieux. Et puis, on va faire une chimiothérapie. Le médecin a dit qu'il pouvait... pas prévoir comment ç'allait évoluer. Enfin voilà. Mais t'en fais pas, ça se passera bien, y a pas de raison. Je vais y aller et je vais guérir. Je t'assure, tout se passera bien. Y a pas de raison. »

Troisième partie

I

Alors voilà, j'allais crever comme un faible, comme une merde. Assis dans mon jardin, je me répétais qu'il y avait une fin à tout. Je regardais les oiseaux qui chantaient le changement de saison. Eux aussi, un jour, ils passeraient l'arme à gauche. C'était dans l'ordre des choses.

Ce jour-là, j'aurais bien aimé être quelqu'un d'autre. A vrai dire, j'aurais donné n'importe quoi pour ne pas être moi. C'était la première fois que ça m'arrivait mais replacé dans son contexte, je crois que c'était compréhensible : les gens se plaignent de l'incertitude de la suite des évènements, les gens n'aiment pas ne pas savoir. Moi, j'étais fixé et honnêtement ça n'était pas rassurant. J'aurais vendu père et mère et fœtus pour retourner à la douce ignorance française de l'entre-deux guerres.

Le cul sur ma rocaille, j'avais la gorge serrée. Je ne me sentais pas investi d'un courage de circonstance. Tous les films qu'on regarde où un héros musclé apprend quelque chose de terrible et verse une larme, puis fait triompher le Bien sur le Mal parce que le Bien est mieux que le Mal, c'est déchirant mais c'est n'importe quoi. Le cinéma nie la vérité ; et il le fait mieux que moi, mieux que mon père, mieux que quiconque. On ne peut pas cacher au monde que parfois le Mal triomphe – Tom Hanks meurt à la fin de « Philadelphia ». La réalité est à Hollywood ce qu'Emmaüs est à Roche-Bobois : une version moins belle et moins travaillée du quotidien. Ce qu'on regarde, la bouche pleine de larmes, c'est un ramassis de paillettes auxquelles on croit parce que ça fait vibrer le cœur et la luette. La réalité ne dépasse pas la fiction ; elle reste bien en dessous.

Mourir à moins de trente ans, c'est en dessous de tout.

Les cailloux commençaient à s'enfoncer dans la chair de mes fesses. Et puis, il fallait s'occuper de cette hospitalisation.

Ma femme était au salon, aussi me rendis-je dans la cuisine pour qu'elle n'eût pas à entendre ce qui lui déchirait le cœur. Le standardiste – c'était un homme – me demanda de patienter et une stupide musique de jazz se mit à tourner. Je n'aimais pas entendre du jazz, même pour patienter, ça me rappelait des choses. Mes yeux aussi patientaient, ils se mirent à divaguer, à sauter d'objet en objet, la fenêtre, le grand couteau, les aimants du frigo, et finalement la feuille de route des futures mamans : les grandes étapes du contenant et du contenu sur trente-huit semaines. A en croire la feuille de route, mon bébé pouvait désormais sucer son pouce. Il devait profiter d'être hors d'atteinte pour le faire, il devait savoir qu'une fois dehors ça lui serait formellement interdit pour des raisons évidentes d'orthodontie.

- « Oui j'écoute ?
- Bonjour, j'appelle pour une hospitalisation.
- Oui, deux petites secondes je prends la feuille. Pour quel motif, l'hospitalisation ?
- Cancer du pancréas.
- Oui, et vous êtes monsieur ? »

L'admission fut convenue le mercredi matin, pour me permettre de réorganiser mon travail. Le standardiste avait une voix jeune et ne parut pas étonné de mes questions. Comme s'il avait déjà planifié des millions d'admissions. Le monde doit être une sacrée saloperie pour permettre à cet homme d'être habitué à son travail. C'est comme fossoyeur, ces gens travaillent autant qu'on se porte mal. Je préférais fabriquer des rotules, au moins je ne dépendais de la mort de personne.

Pour mes rotules, d'ailleurs, il fallait trouver une solution. Il était hors de question que je fusse rayé des rangs de l'usine, j'en étais directeur depuis trop peu de temps. Le numéro deux sur la liste des cerveaux efficaces était l'horrible joueur de fifre, et je n'étais pas d'accord pour lui laisser ma place. Nous allions devoir trouver un arrangement.

Je fus englouti par le gouffre béant du doute. Sans mon travail, je n'étais rien. J'avais mis toute ma patience à gravir les échelons deux fois plus vite que les autres. J'avais fait tous les efforts imaginables, j'avais assisté à des milliards de réunions, j'avais léché des culs à m'en irriter la langue. Ma femme avait soutenu mon bras les soirs de grosses fatigues et de réceptions mondaines, elle s'était faite transparente pour que mon aura brillât mieux, elle avait discuté avec les autres femmes de, les fripées friquées de l'industrie française. Elle avait été parfaite ; j'avais besoin de mon travail pour justifier tous ses efforts.

Et j'étais honnête avec moi-même. J'avais aussi besoin de mon travail pour justifier mon comportement. Sans mon travail, je n'étais rien. Je vivais au travers de ma réussite ; elle justifiait mon orgueil et mes caprices, mon égoïsme et mes impatiences. Ce n'était pas une question de salaire. Sans mon travail, il ne resterait de moi que le con arrogant qui servait de carcasse à l'homme brillant. Je ne pouvais pas quitter mon poste. Ou alors, je pouvais considérer que j'étais déjà mort. Et je n'étais pas du genre à me rendre sans me battre. J'étais prêt à y laisser des plumes, mais pas mon siège. C'était impensable. Je me sentais minable, faible, comme le jour où mon meilleur ami était parti à Cuba, comme le jour où j'avais demandé ma femme en mariage, comme la fois où je m'étais planté un bout de verre dans le gros orteil en courant pieds nus sur la côte Atlantique – j'avais quinze ans.

« Ah oui ! Je m'en souviens ! Tu t'étais bien amoché ».

Ça faisait au moins deux ans que je n'avais pas mis les pieds chez mon père.

« Heureusement que t'étais avec ta sœur d'ailleurs, t'aurais pas été capable de revenir tout seul à la maison. »

J'avais ressenti le besoin de parler avec quelqu'un. Ma femme n'était évidemment pas dans le chapeau et j'avais tiré au sort le nom de mon père. De toute façon, il fallait bien lui dire que j'allais me faire hospitaliser.

Il eut l'air de bien le prendre. Je m'attendais à une nouvelle histoire, avec des esquimaux ou des agents secrets mais pour une fois, mon père fut peu exotique.

- « C'est bien que tu ailles à l'hôpital, si c'est là qu'ils peuvent te soigner du mieux possible.
- Je pense aussi.
- Je sais que tu seras fort, t'as toujours été un garçon fort. Quand t'étais petit, t'étais jamais malade ! Je te fais confiance.

- Hmmm…
- Tu sais, je me suis inquiété quand j'ai appris que t'étais malade. Tu es mon fils, c'est normal. Mais je me raccroche à ce que je sais de toi, tu es un battant.
- Le médecin a dit que le moral joue beaucoup dans la guérison, qu'on peut jamais prévoir ce genre de trucs.
- C'est bien possible. Je suis sûr que tu vas passer cette épreuve. Et de toute façon, si tu as besoin de quoi que ce soit, je suis là. Je crois… enfin, il est temps que je joue mon rôle de père. »

Le sérieux de son discours me laissa sans voix. Il fallait donc je fusse au bord du décès pour qu'il prît ses responsabilités.

- « Comment est-ce qu'elle le prend ?
- Comment est-ce que tu crois qu'elle le prend ? Elle va pas bien. En fait, on s'est pas parlé depuis que je lui ai dit que j'allais partir à l'hôpital.
- …
- Elle a rien dit, et puis elle s'est assise au salon, toute la journée, et puis elle s'est remise à pleurer, et hier matin elle est partie chez une copine à elle.
- Elle y est depuis hier matin ?
- Oui.
- Et tu l'as pas appelée.
- Si, mais elle répond pas. Déjà, y a trois mois, quand j'allais me faire opérer, elle était complètement hystérique. Mais là, avec le bébé en plus. Je sais pas… »

Mon père tenta de me réconforter ; maladroitement, mais il essayait. Elle avait dû partir par tristesse, pour pleurer dans les bras de sa copine, elle serait revenue bientôt, il ne fallait pas s'inquiéter. Les moments durs d'une vie causaient souvent des crises de couples et il fallait savoir s'en accommoder pour continuer à vivre heureux. Nous étions un couple soudé, nous allions avoir besoin l'un de l'autre et ça n'était que tous les deux que nous pourrions passer cette épreuve.

« C'est ce que tu as vécu, avec Maman ? »

Mon père me regarda droit dans les yeux et continua son discours sans faire état de ce que j'avais dit. Ma femme serait bientôt de retour à la maison, il ne fallait pas s'inquiéter.

- « J'ai souvent voulu que tu m'en parles. J'ai jamais osé te demander vraiment, je veux dire sérieusement. Je sais pas pourquoi. J'imagine que j'avais peur que tu t'énerves.
- T'as pas besoin de savoir, c'est des vieilles histoires.
- Mais c'est ma mère.
- Je sais, ça ! »

Je n'ai jamais connu ma mère, du moins je n'en ai aucun souvenir. Je crois que ma sœur et moi étions encore de tous petits enfants quand elle nous a quittés. Quand j'étais petit, mon père ne parlait jamais d'elle, ou alors à demi mots qui ne concordaient pas. Une année, il murmurait qu'elle était morte en Afrique. L'année suivante, ma mère était partie avec un Américain et il n'avait plus entendu parler d'elle. Alors, ma sœur et moi ne posions plus de question ; chaque interrogation n'apportait qu'un nouveau mensonge.

Il faisait semblant de bien vouloir en parler pour que nous n'ayons rien à lui reprocher. Mais nous n'étions pas crédules au point de croire que ma mère avait été enlevée par les Russes à cause de son travail à la DGSE. J'avais déjà vu des photos d'elle – elle n'était pas très belle d'ailleurs, ma sœur devait ressembler plus à mon père, avec son petit museau et son sourire malin – mais savoir qui elle était vraiment, ou avait vraiment été, ça ne nous était pas accessible.

Ce jour-là ne dérogeait pas à la règle et mon père détourna la conversation sur ses projets de voyage avec son club de marche à pied, Chlorophylle 44, une semaine de périple sur la côte Atlantique encadrée par des étapes douceurs. Ah ! la pensée prometteuse d'une crêpe et d'un verre de cidre.

Ma femme ne resta effectivement pas longtemps chez sa copine. Elle était de nouveau assise au salon quand je rentrai chez nous. L'affrontement fut rude, je ne l'avais jamais vue aussi défaite. Et je savais que rien de ce que je dirais ne pourrait la consoler. Au contraire, ça serait retenu contre moi comme preuve de mon entière culpabilité dans l'épreuve qui nous était envoyée. Il aurait fallu nous voir, tous les deux, chacun avec son mal de ventre. J'aurais préféré être enceinte…

Nous nous regardions fixement, moi essayant de transpirer l'amour, elle suintant la colère et la fatigue, puis je m'assis à côté d'elle et elle fondit en larmes.

- « Je t'aime…
- Moi aussi je t'aime, ma chérie !

- Je voulais pas partir hier matin, mais... je sais pas pourquoi j'ai fait ça, j'avais besoin de parler. J'en ai parlé à personne quand tu t'es fait opérer, mais là...
- Je comprends.
- Non, je crois que tu comprends pas. Qu'est-ce que je vais faire... »

Ça hoquetait et ça couinait comme jamais.

- « Sans toi, qu'est-ce que je vais faire ? J'ai besoin de toi, j'ai que toi, moi.
- Je vais juste à l'hôpital ma chérie, tout va bien se passer, tu viendras me voir quand tu veux et... »

Les larmes repartirent de plus belle.

« Je ne veux pas venir te voir ! Je veux que tu sois là tout le temps ! Je veux que tu ailles bien... je suis enceinte, tu peux pas me... »

J'aimais ma femme par-dessus tout, la voir dans cet état me déchirait le cœur. Je la pris dans mes bras mais je savais que je ne pouvais pas la consoler, je n'avais jamais su. J'essayai de trouver les mots justes en sachant qu'ils sonneraient faux.

- « Tout ira bien.
- Tout ne va pas bien ! Je suis enceinte, tu es malade, ça ne va pas !
- Écoute, il faut que tu me fasses confiance. C'est une période difficile mais on va s'en sortir. Tu me fais confiance ? Ma chérie... Je vais aller à l'hôpital et les médecins vont faire ce qu'ils peuvent. Moi je vais me battre. Le docteur a dit qu'on pouvait retarder les

effets de la maladie et je vais tout faire pour que ce soit le cas. »

Et Dieu m'était témoin que j'étais vraiment prêt à tout. Je ne voulais pas être un père mauvais au point de mourir avant la naissance de mon gamin… J'aimais ce tout petit bébé dragon qu'elle avait dans le ventre, j'étais prêt à faire n'importe quoi pour ne pas mourir avant de l'avoir vu. J'allais entrer à l'hôpital et me battre bec et ongles pour ne pas me laisser rogner petit à petit par la mort.

Je comptais faire ce qui était prévu depuis le départ : vivre le schéma familial d'une réclame Ricoré, Maman, Papa, un bébé et le soleil au dessus de la ferme de nos vacances. Je le méritais, j'avais travaillé pour l'avoir et l'échéance avançait à grands pas. Je n'allais pas abandonner si près du but.

Voyant que ma femme ne quittait pas son expression de génisse geignarde, je jouai la carte du mari dans le coup.

- « Ce soir on va au restaurant.
- … ?
- Allez.
- J'ai pas envie.
- Si, ça va nous faire du bien.
- Je suis fatiguée, j'ai pas envie de sortir…
- Bon, alors je vais chez le chinois à emporter. Et on regarde « La Faille ». Ça te va ?
- …d'accord. »

J'essayai alors mon irrésistible accent chinois, celui qui faisait rire (uniquement) ma femme et ma sœur. « Un cana laké pou toi ? C'est té bon. Et un louleau d'plintemps, vi ». Mais ma blonde n'eut qu'un petit sourire triste dans une grosse respiration d'ouverture du Chakra. Mon ego fut piqué à vif : je pouvais perdre la vie, mais pas l'humour. Si je perdais l'humour, c'était vraiment la fin de tout.

Mon lundi matin fut aussi embarrassant que les regards braqués sur moi au cours de la réunion avec les directeurs de départements. Je leur annonçai la suite des évènements en essayant de ne pas chevroter – on est incompétent quand on chevrote. Je fus concis. Je leur proposai de mettre le joueur de fifre à ma place, en substitution, et de m'occuper d'un maximum de choses depuis l'hôpital. L'un d'eux me demanda combien de temps je comptais rester au CHU. Je faillis dire : « Pas longtemps » pour éviter de paraître au bord du décès, mais les absences courtes donnent lieu à un congé maladie et non à la mise en place d'un travail à distance.

- « Je ne peux pas prévoir, sans doute quelques mois. Voire un an. Mais ceci n'affectera en rien mes capacités à travailler.
- Vous entamez une chimiothérapie, et vous comptez nous faire croire que vos capacités ne vont pas en être affectées ? »

Cette saloperie de pustule de fifre avait ouvert la bouche, dégageant l'odeur coriace de ses entrailles purulentes.

- « Je ne vous fais rien croire, je vous le garantis.

- Donc vous me proposez de faire votre boulot, tout votre boulot, d'aller à droite, à gauche, de m'occuper de l'usine, et de ne pas toucher votre salaire ?
- Votre salaire sera augmenté, bien sûr. Et je ne m'étonne pas que vous posiez la question.
- En gros, vous me proposez de prendre votre place, sans en prendre le titre ? Pourquoi ?
- Ne nous voilons pas la face, vous ne serez jamais qu'un substitut.
- Oh mais je ne me voile pas la face. C'est vous qui ne voulez pas admettre que vous ne pouvez plus être directeur. Bientôt vous n'en aurez plus les moyens.
- N'élevez pas la voix quand vous me parlez.
- De quoi parlons-nous, là ?! De notre relation ou du bon fonctionnement de l'usine ? Je ne suis pas d'accord avec votre proposition ! Moi ce que je vous propose, c'est d'être honnête avec vos collaborateurs, de prendre un congé maladie, et de me laisser m'occuper du reste ! »

Je n'arrivais pas à croire que le fifre essayait de m'évincer avec aussi peu d'intelligence. Quel idiot, il passait à deux doigts du poste de directeur d'usine. Je me tournai vers le directeur de l'Efficacité des Systèmes.

- « Et vous, monsieur Krez. Vous êtes dans cette usine depuis combien, vingt ans ?
- Heu, oui, dix-huit ans monsieur le directeur.
- Vous avez de l'expérience, vous connaissez le fonctionnement de l'usine, les opérateurs. Vous ne

m'avez jamais déçu, ni mon prédécesseur. Je vous propose de prendre mon poste pendant que je serai à l'hôpital. Les conditions restent les mêmes. Je veux un droit de regard sur toutes vos décisions et un rapport quotidien de ce que vous faites.

- Eh bien, je… »

Ah ! L'appât du gain ! Krez, le quinquagénaire de l'Efficacité des Systèmes avait bien envie de payer des voyages à ses gamins et deux nouvelles fesses à son épouse. Il ne mit pas longtemps à accepter, à vrai dire, l'après-midi même il accourait dans mon bureau pour me dire qu'il acceptait ma proposition.

Le joueur fifre n'en parut pas satisfait.

- « Vous me prenez pour un con ?!
- Je vous ai déjà dit de baisser d'un ton !
- Vous me court-circuitez, c'est ça ?! Quoi, je fais pas un bon travail, je vous ai déjà déçu ?!
- C'est votre comportement qui me déçoit. Vous n'êtes pas quelqu'un de loyal. Vous cherchez toujours à griller les gens et finalement vous vous êtes grillé vous-même. Krez prend la place que vous auriez pu avoir, point final. »

J'avais failli dire : « …la place que vous auriez pu avoir et c'est bien fait pour vous »… la fin de la phrase s'était améliorée au moment de la dire, et heureusement !

Une pointe de douleur vint me transpercer le ventre au moment où le fifre claqua la porte de mon bureau. Le stress et l'énervement devaient causer ces pointes, comme un petit côté psychosomatique sympa de la maladie ; elles m'affirmaient que je n'avais pas d'alternative à l'hospitalisation. Retrouver l'insurmontable douleur ne me réjouissait pas, je n'étais pas dupe, elle n'allait faire qu'empirer et je savais qu'à cause d'elle je ne pourrais probablement plus travailler comme avant.

Mes collègues, eux aussi, savaient pertinemment que je n'allais pas rester fonctionnel plus de quelques semaines. Les chimiothérapies ne sont pas reposantes, c'est un fait. Et payer un directeur uniquement capable d'accepter les décisions de son remplaçant, quand on sait ce qu'on fait pour virer un opérateur qui coûte à peine plus que le SMIC… ça n'était tout pas envisageable. L'usine aurait bientôt un nouveau directeur, c'était comme ça.

Je ne voulais simplement pas m'en rendre compte, je voulais être encore utile, mais si c'était pour faire semblant. J'avais tout donné à mon travail, je vivais pour cette usine, elle me devait bien ça ; nous allions prétendre que j'étais encore indispensable à son bon fonctionnement. C'était le plus gros de tous mes mensonges mais, pour le coup, ça m'aurait brisé le cœur de ne pas mentir. Il n'y a pas d'autres mots, comme dans les films d'amour, comme dans les chansons tristes : ça m'aurait littéralement brisé le cœur en mille morceaux.

- « *J'ai dû me battre avec Burt ce matin, pour l'empêcher de te virer.*
- *Je ne t'avais pas demandé de le faire.* »

Et BAM, voilà comment parle l'avocat Willy Beatchum à la belle Nikki Gardner, à propos de la décision de Burt Wooton, le directeur de leur cabinet d'avocats.

« La Faille », j'avais vu ce film six fois sans jamais avoir à payer – la magie du Divx. Je continuais de tressaillir à chaque réplique, cet homme était mon héros : un jeune avocat nonchalant, orgueilleux, avec un taux de réussite de 97 %, qui crâne comme un dingue et boit des coups dans les after-works. Il rencontre sa nouvelle boss et quelques jours plus tard, il la met dans son lit, avec une technique de drague qui me fait encore regretter de m'être marié sans la tenter :

Drrrriiing.
- *« C'est votre portable.*
- *Je n'ai pas envie de parler à qui que ce soit d'autre que vous. »*

Attention les filles !

Cet homme est, aujourd'hui encore, le plus grand de tous mes héros. Je veux dire, différemment du tigre de combat de Musclor. Dans un autre registre. Il est extraordinaire ; il se présente à la Court en smoking, il lit des histoires à une femme dans le coma et il trouve l'arme du crime. J'aurais été amoureux de lui si j'avais été gay ou une femme. Ça fait rêver, et il en faut bien pour nous faire rêver – on rêve d'autant plus que notre quotidien est laid.

- « Le plombier est passé en fin d'après-midi. Il a tout changé. Il a débouché et puis il a remplacé les tuyaux là, et puis la chasse. Il a laissé que la cuvette.
- Bah... tant mieux. Du moment que ça marche.

- Bon qu'est-ce que tu veux manger ce soir ? J'ai pas envie de cuisiner. »

A moi, ça m'aurait plu de porter des smokings, d'aller voir des femmes dans le coma et de trouver l'arme du crime. Au lieu de ça, je devais conclure sur les histoires de pipi du ménage et faire mes valises pour l'hôpital.

« Les valises de la mort, héhé ». Ma femme n'apprécia pas le bon mot ; j'essayais simplement de détendre l'atmosphère qui, en ce lundi soir de novembre, sentait le manque d'amour à des kilomètres.

Je pris les deux plus gros sacs de sport de l'appartement et les vidai de leur contenu : deux casquettes, des chaussettes de ski, des moufles, une raquette de tennis en mauvaise forme, un verre de Roland Garros, et tous les sous-pulls que j'avais eu dans ma vie. Il y en avait des rouges et des bleus rois – je préférais les bleus rois qui étaient bien mieux jugés par les grands noms de la mode des années 90.

- « Qu'est-ce que c'est que ça ?
- C'est mes vieux sous-pulls de ski.
- Je savais pas que tu gardais ça... ils sont tous boulochés, donne, je vais les jeter.
- Quoi ? Mais non ! »

Il était bien hors de question de jeter mes vieux sous-pulls ; je m'empressai de les ranger dans le placard, en dessous du reste – je n'allais pas m'en servir de si tôt. J'attrapai ensuite les sacs vides et les amenai dans la chambre, où je fis marcher mon cerveau pour les remplir de façon adéquate. C'était un vrai travail d'optimisation : qu'emmène dans ses valises un homme qui part à l'hôpital ? La première chose à se retrouver dans le sac fut le livre de chevet que j'avais sous le nez. Et puis il me fallait des habits, mon téléphone, des trucs pour m'amuser…

« Tu as besoin d'aide ? » cria ma femme depuis la cuisine. Je n'avais pas besoin d'aide, j'avais juste besoin de réfléchir. Je ne voulais rien oublier d'important. Ma femme me rejoint peu après, avec son air de Joconde.

- « Bon j'ai fait des pâtes, c'est en train de cuire.
- Hmmm…
- Tu sais, l'an dernier j'avais un gamin qui s'était cassé le bras. Mais sévèrement, tu vois. Et donc il a dû passer deux semaines à l'hôpital, et sa mère m'a dit, après coup, qu'il avait pensé à rien emmener à part sa Game Boy. C'est bête… comme on n'a pas les mêmes priorités quand on est un enfant. »

Mais mon ordinateur portable était déjà dans le sac, avec des films et de la musique… et des petits jeux d'ordi…

- « Ah mais, tu prends ça aussi ? Vraiment je crois que c'est pas la peine, si tu la veux plus tard je te l'apporterai.
- Mais on sait jamais.
- Mais… »

C'était ma boule magique, celle qu'on secoue et qui nous dit la vérité. Je n'en avais absolument pas besoin, et pourtant je l'avais mise dans le sac sur les t-shirts à manches longues. J'y avais pensé, soudain, je l'avais sortie de la bibliothèque et je l'avais secoué en lui demandant si je devais l'amener avec moi. Elle avait répondu : « C'est inévitable. »

Je n'y croyais même pas, à cette boule. Je l'avais eu alors que j'étais encore étudiant, comme cadeau d'anniversaire de ma bande de copains bêtes et rigolos. Nous nous étions bien marrés avec cette boule ; mais il faut admettre qu'on ne pouvait lui poser que des questions sans importance et qu'elle perdait les pédales quand je lui demandais de confirmer l'existence de Dieu ou de ma mère.

- « Pourquoi tu emportes ça… et ça ? Tu n'en as vraiment pas besoin.
- Mais on sait jamais !
- Mais quoi on sait jamais ! Je viendrai te voir tous les jours, s'il te manque quelque chose je te l'apporte ! Qu'est-ce qui te prend, tu crois que tu déménages ?? »

Elle venait de me mettre le nez dans mon caca. J'en emportais beaucoup plus qu'il n'était nécessaire, et pourtant j'avais l'impression que ça n'était pas assez. J'aurais voulu pouvoir dire « Higitus Figitus zum bacazum » et emmener ma maison sur mon dos. « Et voilààà ainsi plus petiiiit vous rentrerez tous dans mon sac ». Mais ça n'était pas possible et pas gentil envers ma femme, à qui je donnais le sentiment de partir pour l'hôpital sans prévoir d'en revenir. L'inconscient peut être maladroit, selon les circonstances.

Je ne voulais pas l'avouer, mais il était clair que j'allais passer un bon moment au CHU. Mon inconscient n'était pas délicat, mais il était réaliste.

« A table. »

Le fait de ne pas être une famille ordinaire ne nous empêchait pas de manger des pâtes. Et contrairement à ce brave

Jésus lors de son dernier repas, je ne priai pas après avoir rompu le pain ; je le tartinai plutôt d'un Kiri à la crème et au calcium, en me disant que c'était bon pour les os.

Après une mauvaise nuit et une respiration profonde pour me donner du courage, je passai l'entrée du CHU. J'y fus admis dans la plus grande banalité. Au fond, je ne pouvais pas m'attendre à recevoir plus que n'importe qui d'autre. Je ne sais pas à quoi je m'attendais, en fait. Peut-être à une admission en grandes pompes funèbres, avec des squelettes dansants et des trompettistes de la mort qui reprendraient un air de Camille Saint-Saëns à la lueur d'une bougie à flamme noire. Ça m'aurait fait peur mais ç'aurait eu de la gueule.

Nous aurions mangé du diable salé comme la mort et nous aurions fait la fête jusqu'au bout de la nuit, en farandole, et moi de rameuter le plus de gens possible en criant : « Réveillez-vous ! Réveillez-vous les cancéreux ! »

Et puis la Mort se serait présentée à nous, l'un après l'autre, elle nous aurait touché l'épaule avec le bout de sa faux sinistre et puis : « Bonjour, je suis la Mort. Vous êtes vraiment pâle. Bon, je vais être un peu direct mais chacun fait son travail. Comment voulez-vous en finir ? »

Moi, j'aurais été un peu réticent à lui confier ma mort – à cause de l'hygiène – mais elle aurait su me rassurer : « Oh vous savez, je lave ma faux après chaque coup. J'ai un désinfectant spécial qui élimine 100% des bactéries, vous les humains vous n'arrivez qu'à 99,9% avec la javel et compagnie. Mais moi c'est du sérieux, il ne faut pas que j'infecte un futur mort vous comprenez ? »

Alors j'aurais dit que je comprenais et je lui aurais demandé d'attendre un peu avant de me tuer, juste assez pour que je puisse voir mon têtard devenir un vrai bébé d'homme. La Mort aurait accepté, par courtoisie, et elle serait passée au candidat suivant tandis que je serais retourné danser avec les squelettes.

Mais au lieu de ça, j'eus une infirmière moche, qui m'emmena dans une chambre presque aussi moche qu'elle et qui ne me rassura pas du tout quant à ce qui allait m'arriver. Elle ne m'expliqua rien du traitement que j'allais recevoir et se contenta de me sourire avec sa tête horrible en me priant d'attendre l'arrivée du médecin.

Comme le médecin n'arrivait pas, je pris mes aises dans la chambre. Je rangeai mes habits dans le placard et je plaçai la photo de moi la plus récente que j'avais pu trouver dans mon livre de chevet – peut-être pour pouvoir comparer au fil des jours. Soudain, le docteur surgit et m'expliqua le nombre inconsidéré de pilules que j'allais m'enfiler gentiment tout en perdant mes cheveux. Je ne me rappelle plus du nombre exact mais c'était proche de l'infini. Lui aussi insista sur le fait que le moral avait un rôle insoupçonné dans les guérisons, puis il fit une boutade de supermarché, trois petits tours et s'en fut gaiement rejoindre ses patients préférés : ceux qui étaient censés vivre.

Je restai là, à regarder les murs de la chambre et à me rendre compte de ce qui se passait vraiment. Le silence de la pièce était lourd de sens ; Dieu sait que ce silence n'en était qu'à ses débuts et qu'il allait grandir et m'agacer, me tourmenter, pour finalement m'inquiéter, comme un bébé silence qui devient adolescent.

Je prenais conscience. C'est une belle expression qui ne m'a pas été applicable souvent mais ce jour-là, les yeux plantés dans la télévision éteinte du coin du plafond, je pris conscience de bien des choses. Et ce n'était pas agréable, m'en soient témoins les gens qui ont eu la malchance de prendre conscience comme moi.

Je savais ce qui m'attendait ici, j'allais subir un traitement lourd, avec peu de chances de guérir. Et même si je guérissais, j'aurais des séquelles autrement moins charmantes que des blessures de guerre. Mais j'allais me battre et je ferais partie des 10% de chanceux à se sentir mieux après cinq ans. J'étais prêt à le jurer et à cracher par terre.

II

Nous abordons ici la fin de l'histoire. Je vous la passe rapidement parce que ce n'est pas, à mon sens, la partie la plus racontable de ma vie. C'est intéressant, malchanceux, quelconque et déroutant, c'est tout ce que vous voulez mais, voyons les choses en face, ce n'est pas de mes diarrhées que sortiront vos plus beaux souvenirs. Globalement, mon intérieur se liquéfiait à petit feu et il me fallut une semaine pour me rendre compte que je n'allais pas pouvoir travailler depuis l'hôpital. Ça ne doit pas vous surprendre. Je pensais que je pouvais y arriver et ça m'étonnait d'échouer. Plusieurs raisons étaient évidentes. A l'usine, je bouge, je vois des gens, je parle. A l'hôpital je ne pouvais qu'acquiescer aux décisions qui avaient été prises et pinailler sur l'orthographe comme un stagiaire tout droit sorti de sa grande école.

« Ils essaient d'enculer les mouches », disais-je parfois en parlant d'eux. Désormais c'était moi, je veux dire le stagiaire. Je ne pouvais pas réfuter les faits qui s'étaient passés dans la journée parce que, dans une usine, défaire ce qu'on a fait coûte cher. Krez me disait : « J'ai fait ça ». Je répondais en me raclant la gorge : « D'accord, bah allez-y, expliquez-moi. »

Et puis je me faisais constamment engueuler par le médecin, comme quoi j'étais irresponsable, que c'était une folie de continuer à travailler et que j'aurais mieux fait de me concentrer sur mon traitement. Mais les autres malades, je les voyais, ils étaient oisifs, blêmes. Moi, travailler me donnait du courage. Et puis il fallait être honnête, pour ce que je fournissais comme travail, je ne me fatiguais pas beaucoup.

- « Aujourd'hui, j'ai fait ça.
- Ah oui ? Et… ah, d'accord.
- Oui… voilà.
- Bon bah merci, à demain. »

En revanche, Krez me montrait toujours un grand respect et c'était réconfortant de voir qu'il continuait à jouer le jeu. C'était peut- être stratégique, dans ce cas-là c'était malin. Il montrait patte blanche en attendant que je lui remisse les pleins pouvoirs. Il s'assurait ma confiance et l'avenir de son cul sur mon siège. Une semaine avait passé ; j'en laissai encore passer une, puis deux, mais je ne pus cacher mon incompétence plus longtemps. Krez avait compris que je subissais et ses yeux criaient justice : j'étais encore en mesure de travailler mais de là où j'étais, je ne servais plus à rien.

Surtout, Krez me voyait physiquement. Il venait deux fois par semaine à l'hôpital et pouvait constater que mon corps se dégradait. J'avais des cernes profondes, mon teint commençait à se faire pâle, c'étaient des changements légers mais suffisants pour que Krez pût en parler aux autres. C'était mauvais pour ma réputation, mauvais pour mon travail, c'était mauvais pour tout.

- « Dites-moi Krez, vous êtes content de votre nouveau travail ?
- Beaucoup M. le directeur. C'est un poste qui me plaît et j'espère que je ne vous déçois pas.

- Pas du tout, au contraire. Je savais que je pouvais vous faire confiance.
- Merci. Eh bien, à jeudi alors !
- Attendez un peu. J'ai, comment dire, un truc à vous demander… plus ou moins… »

Il fallait la jouer fine, je ne voulais pas supplier.

- « Vous avez dû remarquer que, bon, mon cancer commence à se voir.
- Légèrement. »

Légèrement, quel malin. Il me brossait dans le sens des poils que je n'aurais bientôt plus.

- « Bon mais je suis un peu blanc, et puis fatigué.
- Je ne vous proposerai pas une partie de tennis, c'est sûr haha !
- Oui heu, je voudrais que vous ne parliez pas de comment je suis. Je veux dire à l'usine. Ça n'est pas bon de, enfin vous savez, les dires se transforment souvent en ragots, et puis vous passez pour mort avant même de l'être.
- Je vois ce que vous voulez dire, M. le directeur.
- (Arrête de m'appeler M. le directeur) bien, bien.
- Vous pouvez compter sur ma discrétion.
- C'est parfait. Merci. A jeudi.
- A jeudi, au revoir ! »

Ni lui, ni moi n'étions dupes, mais s'il acceptait de fermer son clapet devant le joueur de fifre, c'était ça de pris.

« C'est donc toi, le directeur, le numéro un de cette usine de tôles ? Eh bien, tu as fière allure, regarde-toi. Dans cette blouse de malade. Et ce lit, ces draps blancs, c'est encore moi qui vais devoir les changer quand tu auras fait pipi. Tss, qu'est-ce que j'ai fait pour mériter ça ? »

Du venin et du sang se mirent à couler de la bouche de ma mère.

« Mes chaussures, mes habits, merde, tu vois ce que tu me fais faire ?! Je tache tout ! Tu es un bon à rien. Tss, regarde ça, tu crois que c'est gratuit les habits, et puis qui c'est qui lave ?! C'est facile pour toi, quand on est directeur d'usine on n'a pas trop de problème d'argent ! Mais moi, hein moi ! Est-ce que tu t'es déjà préoccupé de moi ?! »

Elle s'assit sur le lit et me prit dans ses bras en me calant la bouche contre son sein – j'étais adulte, ça n'eut pas l'air de la perturber.

« On verra quand tu auras des enfants. Tu fais ton malin, tu m'accuses de beaucoup de choses, mais moi je suis ta mère. On verra comment tu t'en sortiras. Enfin… si tu as l'occasion de rencontrer tes enfants, ce qui n'est pas gagné hein, petit malin ! Petit cancéreux ! »

La colère me prit : « Je ferai forcément mieux que toi ! Casse-toi, pauvre folle ! »

Je marquai un temps et ajoutai : « Vieille conne ! »

Puis, pour me justifier de ce que je venais de dire – même si on ne l'a jamais connue, on n'insulte pas sa mère – je conclus par : « J'ai besoin de personne, tu m'entends, moi j'ai tout fait tout seul et je peux continuer comme ça jusqu'à la Saint Glinglin ! »

Ma répartie ne valait rien mais c'était la seule chose que j'avais trouvée au fond de mon moi endormi.

Ensuite, ma mère se liquéfia et n'en resta qu'une flaque de pisse.

J'eus plusieurs rêves du même genre durant les premières semaines de mon hospitalisation. C'étaient des assemblages de famille, de travail, des épopées du genre angoissantes avec la branche malsaine hypertrophiée. La plupart du temps je subissais et je me réveillais trempé de sueur, en angle droit dans mon lit, et parfois une petite larme coulait jusqu'à mon menton d'homme.

Mes nuits ne reflétaient pas mes comportements diurnes, je me montrais courageux, je prenais mon traitement et j'évitais de penser à ma propre mort. De prime abord, j'étais un individu lambda qui vivait très bien son cancer et qui, par conséquent, n'était que de passage au CHU. Mais cette maladie insidieuse s'attaquait à moi quand j'avais baissé ma garde et elle me rongeait petit à petit.

Ma femme passait également de mauvaises nuits. Elle ne m'en parlait pas mais je la connaissais par cœur. Je savais qu'elle me mentait pour mon bien tandis qu'elle pleurait à gros bouillon dans les bras de ses amis. Je trouvais ça normal, c'était rassurant de la savoir se plaindre à quelqu'un : une femme qui souffre en silence met son têtard en danger. Une femme enceinte doit communiquer, faire partager ses ressentis, et si ses amis pouvaient la rassurer alors mon bébé ne s'en porterait que mieux. Je trouvais ça bien, raisonnablement bien au vu de la situation.

Qu'il n'y ait pas de malentendu : j'étais inquiet pour ma femme, je ne suis pas un monstre. Mais mon futur junior, il avait beau crâner en nous préparant ses parties génitales pour les semaines à venir, il n'en restait pas moins un fœtus et les fœtus sont sans défense. J'étais triplement anxieux quant à ma moitié, une fois pour ma femme et deux fois pour l'enfant qui se servait de ce qu'elle mangeait pour manger.

Mes angoisses, mes nuits, le traitement, le travail, ma vie en somme devenaient difficiles. Trois semaines après mon arrivée, je n'avais pas fière allure. L'hospitalisation me fatiguait deux fois plus que je n'aurais pensé. Je ne m'étais jamais senti aussi las et je faisais volontiers une sieste après le déjeuner. L'infirmière me réveillait quand elle passait me voir et le soir, après le départ de ma femme, mon corps s'endormait sans me demander mon avis, me laissant seul avec mes rêves malsains et leur signification hermétique. Mes cernes se creusaient la nuit, au même titre que l'écart entre les gens et moi.

Chaque matin, je me posais un peu plus de questions avec pour thème : « Est-ce la fin ? Et si oui, pourquoi devrais-je me battre ? »

L'idée sérieuse de ma propre mort commença alors à se manifester. Je n'aimais pas y penser mais j'imagine que le comédien n'aime pas penser au trac avant de monter sur scène. Pourtant c'est au fond de lui, tapi quelque part et il espère juste qu'il n'appuiera pas sur le déclencheur. J'essayais de ne pas penser à ma mort, mais ça revenait ; il devait y avoir un déclencheur gros comme l'Australie au fond de moi et j'appuyais constamment dessus. Et plus j'y pensais, plus mes rêves étaient tordus.

Je travaillais de moins en moins, je m'ennuyais de plus en plus. Certains amis venaient me voir de temps à autre et j'essayais de faire bonne figure mais ils la voyaient en l'état : blanche de propreté et de maladie. On rigolait une heure et ils rentraient chez eux. Moi, je restais sur mon lit et je regardais la télévision, parfois allumée, parfois non, et je réfléchissais, et je me disais que mes projets de réclame Ricoré allaient peut-être tomber à l'eau.

Je me battais, bien sûr ; la maladie se montrait coriace, voilà tout. J'avais mal en dedans, au ventre et au cœur. J'avais mal pour ma femme, aussi, et ça me rendait fou de ne plus pouvoir la faire sourire. Mais surtout, j'étais en colère contre le reste du monde, ceux qui allaient bien. Si j'avais pu choisir, j'aurais laissé tomber tous mes amis et je m'en serais fait des nouveaux, tous des malades, pour être sûr qu'aucun d'eux ne sortirait jamais de ma chambre en soupirant : « Ouf, cette épreuve est passée, rentrons à la maison et n'y pensons plus ».

Parce que moi j'y pensais tout le temps.

Les jours passaient et je me sentais toujours comme ci comme ça. Le médecin n'évoquait jamais mon futur, il se contentait de me décrire les raisons du mal qui me rongeait et de vérifier que je prenais bien les pilules.

« Bon, comment ça va ce matin ? »

Comme tous les autres matins. J'urinais mon sang, je me sentais inutile, vide de sens. Surtout je me sentais seul. Les amis qui passaient me voir, ma femme à mes côtés, l'infirmière qui m'offrait de larges sourires malgré son physique dégueulasse, tout ça ne m'aidait pas. Je me sentais seul, et contrairement à un poisson au milieu des siens, je savais que personne de mon banc ne vivait ce que j'étais en train de vivre. Je me sentais seul d'être malade.

Ce sentiment ne fut qu'accentué quand ma femme et moi reçûmes une lettre de ma sœur. Nous n'avions pas eu de nouvelle depuis son départ et nous nous disions qu'elle retournerait nos e-mails lorsqu'elle se serait stabilisée dans sa nouvelle situation. Belle erreur de jugement, ma sœur n'en avait reçu aucun, ou plutôt elle préférait ne pas aller sur Internet, elle nous transmettait d'ailleurs le numéro de son téléphone fixe et elle espérait que nous allions bien.

Nous n'allions pas bien ; je savais que ma femme pleurait tout le temps et qu'elle se mettait en arrêt maladie quasiment trois jours par semaine. Quant à moi, il était de notoriété publique que mon bébé prenait de gros risques à attendre encore quatre mois avant de venir voir son père. Ma sœur était la seule personne de mon entourage à ne pas être au courant. Du moins presque, ma mère non plus ne savait pas, mais on ne pouvait pas dire qu'elle m'eût jamais entouré.

Ma femme se proposa d'appeler ma sœur mais c'était à moi de le faire ; je commençais à en avoir marre d'être un homme. Je commençais à en avoir marre de ne pas quitter l'hôpital, de faire semblant de travailler, de dire à ma femme que tout irait bien, du sourire à l'infirmière et de prendre toutes ces pilules qui vraisemblablement ne changeaient rien à mon état.

Je pris mon téléphone portable – celui que l'usine payait – et composai le numéro de ma sœur. Je fus bref et essayai d'enchaîner directement sur sa situation à elle, pour savoir si elle se plaisait là-bas et si elle avait trouvé ce qu'elle était partie chercher.

- « Mais les docteurs, enfin ils sont plutôt optimistes, hein ?
- Plutôt pessimistes.
- …pessimistes.
- T'as trouvé du travail ?
- Pour l'instant, je donne des cours de français dans les écoles. Et aussi des cours privés aux gosses de riches. Ça suffit largement à payer mon loyer et… après on verra. »

Sa voix vibrait un peu. Depuis quelques semaines, je provoquais beaucoup de vibrations de voix.

- « Et est-ce que tu as trouvé, enfin…
- Non, pas encore.
- Comment est-ce que tu vas t'y prendre ?
- Écoute je… si tu veux que je vienne te voir, à l'hôpital, tu sais…
- Non, non surtout pas. »

Nous étions pathétiques, tous les deux à ne pas vouloir parler de nos vies, à essayer de nous renvoyer la balle pour pouvoir dire que l'autre était plus faible et plus malheureux. En fait, nous étions pareils, ex-æquo sur le banc des misérables au destin tragiquement ordinaire. Et elle me manquait terriblement.

- « Alors t'as eu ta sœur ?
- Oui.
- Comment elle a réagi quand tu lui as dit ?
- Elle… était surprise, et triste.
- Bon… et comment elle va ?
- Bien, bien. »

Elle avait fait tous les efforts possibles pour me faire croire qu'elle allait bien, je n'allais pas dire le contraire à ma femme. Nous étions comme ça, dans la famille, nous préférions nous cacher dans un coin et attendre d'aller mieux avant d'ameuter le voisinage.

- « Elle va bien.
- Tant mieux.
- Elle donne des cours de français.
- Ah, tant mieux. Je suis contente pour elle. Au moins une dans la famille. »

C'était le premier petit sourire qui apparaissait sur ma femme depuis mon arrivée à l'hôpital. Mais il était jaune – on ne peut pas tout avoir d'un coup. Elle soupira et reprit :

- « La semaine prochaine, j'ai pris rendez-vous pour une échographie. On va savoir le sexe du bébé.
- D'accord.
- Peut-être que tu pourrais demander au médecin si tu peux venir avec moi. »

Accrochez-vous, à ce moment-là, je fus complètement minable :
- « Tu sais... je crois que c'est pas très prudent, enfin je veux dire, si je veux guérir vite, autant que je me repose bien et que je fasse tout comme on m'a indiqué.
- ...oui... d'accord. Je viendrai te voir juste après l'échographie alors.
- Je crois que c'est mieux. »

Une femme enceinte a besoin de soutien, j'étais vraiment une merde. A force de laisser mon cul dans les draps de l'hôpital, je commençais à me détacher de tout. Je ne prenais plus part à l'avenir de mon couple. Je ne savais même pas si je voulais savoir le sexe du bébé ; j'allais le regretter par la suite si mon pancréas m'ôtait l'occasion de le rencontrer. Je me consacrais à ma guérison, elle m'obsédait, je me battais tellement fort que plus rien d'autre ne comptait pour moi. C'était une belle erreur, mais je faisais mon possible. On ne peut pas se battre sur tous les fronts.

La semaine suivante, alors que ma femme attendait le sexe du bébé, j'étais occupé à perdre mon courage. Je devais appeler Krez, la situation n'était plus tenable. Sans l'avoir vraiment voulu, j'étais passé de directeur d'usine à membre d'honneur. Mon visage s'apparentait désormais plus à celui d'un zombi qu'à la méchante gueule d'un requin. Mon usine n'avait plus besoin de moi, « pour l'instant » et le congé maladie me faisait de l'œil. Je m'y étais presque résolu.

Mais quand je prenais le téléphone et mon courage à deux mains, je les reposais presque aussitôt, avec précaution pour ne pas qu'ils se brisent, et je me disais que le congé maladie n'était pas la seule solution. La seconde solution était le miracle, la guérison qui serait survenue dans la nuit même et qui m'aurait permis de rester directeur. J'avais toujours cet espoir débile, il paraît que c'est naturel de croire au surnaturel dans des situations comme ça.

J'appelai finalement Krez, un jour, machinalement, sans m'être dit au préalable : « Cette fois, c'est la bonne ». Cette fois-là fut la bonne sans que je l'eusse consciemment ordonné, comme si mon corps, fatigué de lutter, avait signé l'armistice sans demander l'avis du général. Je n'étais pas vraiment maître de mes actes au moment de téléphoner, je le fis simplement en me disant que maintenant ça suffisait bien et qu'il fallait faire quelque chose.

Effectivement, je fis quelque chose : je tuai ma carrière, je me suicidai au monde professionnel. Je me suicidai littéralement parce que revenir au top après un congé maladie est impossible. Les gens en pleine santé vous jugent, et même si vous pouvez à nouveau travailler soixante heures par semaine, vous gardez cette réputation d'homme faible et incapable. Vous passez vite pour le diminué du service, voire de service, et vos collègues vous proposent de vous garer sur la place handicapé de l'entrée principale. Je le savais d'autant plus que j'avais eu moi-même ces pensées-là : une personne avec de longs arrêts maladie sur son CV n'a pas les moyens d'engranger des responsabilités ; il faut lui laisser du travail facile à faire, n'oublions pas qu'elle peut mourir du jour au lendemain.

Ça y était, je n'avais officiellement plus de travail. En raccrochant, je me sentis en colère. Comment avais-je pu me tuer moi-même…

Mais le malheur des uns fait la nouvelle poitrine des autres : l'épouse de Krez allait probablement s'offrir le décolleté qu'elle n'avait jamais eu. Ces deux gants de toilettes allaient peut-être enfin ressembler à des mamelles de femme, et tout ça grâce à moi. Elle pourrait peut-être profiter du nouveau salaire de son mari pour aussi payer des nouvelles joues à sa fille, l'adolescente au visage putréfié qui avait tenté de me faire du gringue à une soirée de Noël. Elle avait tellement d'acné que c'en était odieux, mais j'avais dû faire mine d'être flatté pour ne pas vexer son père.

Ma blonde déboula dans ma chambre en revenant de son échographie.

- « Tu veux savoir le sexe du bébé ?
- Je me suis mis en arrêt maladie.
- Quoi ?
- Je me suis mis en arrêt maladie, j'ai tout passé au directeur de l'Efficacité des Systèmes. Enfin à l'ancien directeur de l'Efficacité des Systèmes.
- C'est mieux comme ça, tu…
- Quoi c'est mieux comme ça, putain ! Je te dis que j'ai tout donné !
- Mais t'énerves pas comme ça. Tu reprendras ton travail quand tu sortiras de l'hôpital…
- Mais, sois pas conne en plus ! Tu crois qu'ils me reprendront comme directeur ?!
- Oh tu parles pas comme ça ! C'est pas ma faute !
- C'est pas ta faute, non ! Je te demande juste de pas dire de conneries ! Tu sais combien de temps je vais

passer ici ?! Sans mon travail, je suis rien, je suis fini ! Je ferai mieux de me laisser crever ! »

Ma femme me regarda comme quelqu'un qui n'en croyait pas ses oreilles.

« Quoi, les bras t'en tombent c'est ça ?! »

Rétrospectivement, l'ironie était de trop. J'aurais dû opter pour un gros soupir. Elle rangea les échographies dans son sac et partit. Elle n'eut pas à claquer la porte pour que je comprisse qu'elle ne me le pardonnerait pas immédiatement. J'appelai mon père.

- « Le problème des hôpitaux, c'est qu'on s'y emmerde. Toi, tu avais ton travail et ça te passait le temps. Mais quand j'étais à l'hôpital, après la guerre, qu'est-ce que je me suis emmerdé ! Y avait tout bonnement rien à faire.
- Papa...
- Quoi ?
- T'as jamais fait la guerre.
- Oh que si !
- Laquelle ?
- On s'en fout de ça ! Ce qui compte, c'est ce que je te dis là : les hôpitaux c'est chiant comme la pluie. »

Il avait raison. Les journées étaient longues et sans travail, j'allais vraiment avoir besoin de ma boule magique et des petits jeux d'ordi pour ne pas dépérir. J'avais passé l'âge de m'amuser des clowns qui allaient et venaient dans les couloirs. Un jour par semaine, ils étaient là et ils amusaient les enfants avec des ballons, des boutades faciles, quelques contrepèteries du style : « J'ai glissé dans la piscine. »

Bonjour les enfants !

Moi, les clowns ne m'amusaient pas. Ils me donnaient plutôt envie de chialer parce que je voyais bien que les enfants étaient déçus à chaque fois qu'ils partaient. Non seulement ils avaient le cancer, mais en plus ils étaient déçus : on n'a pas le droit d'être clown pour les enfants malades.

Et puis, mon père était le meilleur clown que j'avais jamais connu.

- « Et là, ratatatata !! Alors tu penses, j'ai sauté dans le fossé, j'ai pas demandé mon reste. J'ai sauvé ma peau, on aurait tous fait la même chose ! N'empêche qu'il avait bien visé, le salaud.
- …d'accord.
- J'avais des balles partout dans les fesses ! Deux mois de convalescence, que j'ai eus ! Alors je peux te dire hein, l'hôpital je connais. Et puis le tien est pas mal, encore. Le mien, oh tu me diras c'était y a quarante ans. Mais quand même, ces grosses seringues qu'ils utilisaient. Et puis comme c'était la guerre, on n'avait pas toujours le produit qu'il fallait. Alors on adaptait tu vois, parfois on prenait un autre médicament, qui était un peu pareil que celui qu'on aurait dû prendre…
- Ah, c'est pour ça.

- Quoi c'est pour ça.
- C'est pour ça que tu es un peu...
- Un peu quoi ?
- Hé gnié.
- Je t'en foutrais moi. Tu crois que c'est parce que t'as trente ans que je peux pas t'en coller une ? »

Un grand vacarme se fit entendre dans le couloir. C'étaient les clowns qui débarquaient pour une heure trente de pur plaisir. J'invitai mon père à y aller mais il déclina peu poliment et me dit que de toute façon c'était l'heure.

- « L'heure de quoi ?
- J'ai une réunion avec Chlorophylle 44.
- Ah...
- Oui tu sais, le voyage en Bretagne.
- Oui oui, je sais. C'est prévu pour quand ?
- Fin février.
- Oh, vous avez pas peur qu'il fasse un peu froid ?
- Si, mais bien couvert ça devrait aller. C'est pas pire que des vacances au ski.
- ...t'as raison. Fais-toi plaisir.
- Bon je reviens te voir dans deux jours, d'accord ?
- Ne te sens pas obligé.
- Non, ça me fait plaisir de te voir. Et puis comme ça, ça te passe le temps, on discute. »

Mon père était en réalité quelqu'un de bien. Ça me faisait de la peine de ne pas m'en être rendu compte quand j'avais la santé. J'imagine que ç'aurait été plus facile pour moi s'il avait moins menti. Nous aurions pu faire les choses que les pères font avec leurs fils : rigoler, réparer la voiture, nous liguer contre la menace sous-jacente des filles. Au lieu de ça, j'avais passé ma vie à vouloir le rayer de l'arbre généalogique.

Je décidai d'aller voir les clowns. Je mis mes plus jolis chaussons et me rendis au foyer du premier étage. Ça n'allait pas être drôle mais je n'avais rien d'autre à faire. De toute façon, ça sentait la Fraise Tagada depuis ma chambre ; j'avais aussi le droit d'en profiter.

- « Bonjour les enfants !!
- Booonjooouuur mooonsieeeuuur Schnoook !
- Schnok, Duschnok, pour vous servir !
- Ahahahahaaahhh !!
- Alors, j'ai besoin d'un volontaire !
- Moi ! Moi ! Mmmooooiii !!! »

Deux rangées d'enfants étaient là, à hurler comme des hystériques en mâchant leurs bonbons la bouche ouverte. Au fond, derrière les gueulards emplâtrés, il y en avait deux autres ; ces ceux-là étaient plus calmes, ils ne criaient pas. C'étaient les deux plus blancs de l'assemblée.

L'un d'entre eux était complètement chauve. J'eus du mal à le reconnaître, à cause des cernes et des joues creuses, mais ce n'était autre que le petit Éric. La leucémie qu'il avait devait être sacrément coriace. Il avait beaucoup maigri. En fait, il faisait peur à voir. J'allai m'asseoir à côté de lui.

- « Salut, comment ça va ?
- Bonjour, ça va merci.
- Tu te rappelles de moi ?

- ... ?
- On s'était croisé y a... à peu près trois mois, ou quatre. Tu t'étais trompé de chambre un soir, tu étais rentré dans la mienne.
- Ah oui ! C'est vous le grain de beauté dans le pancréas.
- ...c'est ça, c'est moi (à peu près).
- Mais je vous ai jamais revu, je croyais que vous étiez mort.
- Eh... bien non.
- Alors, je suis content de vous voir. Ça vous plaît les clowns ?
- Ça va. »

Mensonge.

« Moi, je les trouve nazes. Mais bon ça passe le temps. Et puis, ça fait pas de mal. »

Éric était décidément plus honnête que moi. Les clowns continuaient et ça rigolait à en faire craquer les plâtres et les corsets orthopédiques. Une jolie infirmière entra doucement dans la pièce et se dirigea vers le petit chauve. Après lui avoir soufflé quelques mots, l'infirmière s'en fut avant que j'eusse le temps d'engager la conversation. J'aurais voulu lui demander de me prendre aussi comme patient. Éric remarqua que je la fixais mais, heureusement, il était trop jeune pour comprendre les choses de l'amour et crut que j'étais simplement curieux de savoir ce qu'elle lui avait dit.

- « C'est ma mère. Enfin, non elle c'est l'infirmière, mais c'était pour me dire que ma mère allait arriver plus tard aujourd'hui.
- Ah.
- Elle vient me voir tous les jours. Y a quelqu'un qui vient te voir tous les jours, toi ?
- Ma femme.
- Ah ouais ? Bah moi, c'est ma mère. Mon père, il peut pas tous les jours à cause de son travail. Mais ma mère, elle vient tous les jours.
- C'est super.
- Ouais elle est vraiment super, elle me fait sentir comme chez moi.
- Je vois ce que tu veux dire.
- …le seul problème, c'est quand elle s'en va. Ça me rend toujours triste. Ça vous le fait pas à vous ?
- Ah moi… non… »

Mensonge. Le clown se fit applaudir et les enfants retournèrent dans leur chambre. J'avais effectivement menti à Éric ; je vibrais à chaque fois que ma blonde passait la porte de ma chambre pour rentrer chez nous.

Ma femme partait et j'étais plein de colère, à chaque fois. J'étais plein d'injustices. Je me sentais volé comme l'enfant d'un divorce qui retourne chez sa mère après un week-end beaucoup trop court.

Ma femme partait et je me retrouvais dans cette chambre, avec moi-même et le silence accablant des hôpitaux. J'aurais aimé entendre les enfants du service de pédiatrie, ou les fous, mais il n'y avait rien, que cette merde de silence qui permettait à la voix de ma femme de résonner dans mon crâne. Et j'y pensais, j'y pensais sans m'arrêter jusqu'à ce que je sois distrait par l'infirmière ou le sommeil.

  Ma femme partait et ça ressemblait aux réveils difficiles après une nuit douce et chaude, quand on veut rattraper son rêve, retourner gambader dans les prés verts en buvant de l'hydromel au son des harpes enchanteresses ; mais il faut se lever et boire un café brûlant et aller travailler avec des cons. Sauf que moi, désormais, je ne me levais plus. Mon rêve partait et je restais là, les bras plaqués le long de mon corps pour ne pas le retenir.

  Rapidement, la tristesse des départs de ma femme avait commencé à me hanter. J'appréhendais la fin des heures de visites : j'avais peur d'être triste et en colère. Je l'imaginais déjà partie alors qu'il faisait encore jour et ma gorge se serrait, à chaque fois, et je trouvais des sujets de conversation pour penser à autre chose. Je savais qu'elle était près de moi, qu'elle allait rester encore un peu, mais la fatalité de ses départs me mettait dans un état lamentable de peur et de solitude.

Nous étions mi-décembre. Ma femme et moi n'avions pas repris la conversation post-échographique. Nous faisions semblant que rien ne s'était passé, et je ne savais toujours pas le sexe du bébé. Mais je sentais que c'était un mec. A vrai dire, j'avais déjà une sœur et une femme, et je connaissais l'amour de mon père depuis trop peu de temps pour qu'il pût compter. J'avais besoin d'aimer un homme ; j'avais besoin d'aimer un fils.

Je voyais Éric souvent depuis l'après-midi des clowns. J'allai jusqu'à sa chambre, je lui demandais ce qu'il faisait. Il ne faisait rien, alors je l'invitais à boire un café / un jus de fruits. Je ne savais pas pourquoi j'allais le voir. Il n'y avait pas vraiment de raison mais il parlait bien et sa façon de penser n'était pas imbécile. Et puis, nous vivions la même chose ; je crois que c'était surtout ça qui nous rapprochait.

Parfois nous sortions de l'hôpital et nous marchions jusqu'au centre-ville. Nous nous évadions. Comparés à l'attaque d'une diligence, nous étions deux cow-boys de pacotille, deux brêles s'époumonant à chaque enjambée mais qui s'en foutait ? Nous nous arrangions pour que le personnel médical ne nous reconnût pas et une fois dehors, nous étions comme n'importe quel père et son fils.

Arrivés au cœur de Nantes, nous regardions les illuminations. Éric aimait beaucoup le passage Pommeraye, la plus belle galerie marchande de la ville, qui se décorait comme jamais à l'approche de Noël. Il y avait des sapins, des guirlandes au plafond et des boules sur les murs. Le passage prenait des teintes verte, rouge et or – pas d'exotisme. Les vieilles nantaises venaient s'y acheter des bottes et les jeunes couples s'arrêtaient à Nature et Découverte pour y faire leurs cadeaux.

Éric disait : « Ça change de l'hôpital ! C'est cent fois mieux ici. »

Nous descendions les marches du passage en discutant de tout et de rien, et une fois en bas le passage débouchait sur le marché de Noël. Plusieurs rangées de maisonnettes en bois étaient alignées les unes aux autres et chaque chemin ainsi formé était recouvert d'ampoules, donnant l'impression de marcher sous un ciel bourré d'étoiles. Nous mangions un bretzel démesurément grand dont Éric grattait d'abord le sel et j'y ajoutais parfois un chocolat chaud, pour le goût.

Il faisait extrêmement froid mais nous n'étions pas tarés. Éric se couvrait bien. Dans une des maisonnettes, je lui avais acheté une écharpe et des gants, réversibles pour faire semblant d'en avoir deux paires. C'était doux comme de la polaire. Il était mignon dedans. Je l'aimais bien et il était mignon.

- « Tu veux un chocolat chaud ?
- Non merci… en fait oui, le bretzel est un peu sec aujourd'hui.
- Bon je te prends ça.
- Hier ma mère est venue et mon père aussi.
- Ah génial. Ça faisait longtemps qu'il était pas venu ?
- Oui, une semaine !
- Tiens, ne te brûle pas.
- Et vous votre femme, comme elle va ? Elle vient toujours tous les soirs ?
- Oui oui. »

Non non, ma femme n'allait pas bien. Je le savais. Je le savais d'autant plus que c'était moi qui la rendais malheureuse. J'étais devenu progressivement aigri, à cause de moi et à cause des gens ; la seule compagnie qui me faisait encore rire était celle de mon père ou d'Éric. Ajouté à cela mon comportement naturellement égoïste, en fait, j'étais devenu un homme plutôt méchant.

Un jour arriva dont je ne garde pas un bon souvenir : le jour où ma femme me mit le nez dans mon caca. A vrai dire, j'aurais préféré oublier. Ma femme se montrait infiniment patiente mais un jour survînt où ses nerfs lâchèrent des méchancetés plus grosses que mon comportement. Comme quoi, même l'infini a ses limites.

C'était sans doute ma faute, je l'avais poussée à bout. Je n'aurais pas dû lui demander de ne plus venir tous les soirs.

- « Ma chérie ça me gratte là, tu peux me gratter ?
- Là, ici ?
- Non plus haut.
- Là ?
- Non ! Bon mais tu le fais exprès ?!
- Mais ne t'énerves pas enfin, j'essaie de…
- Non mais c'est pas grave je demanderai à l'infirmière. »

Ce premier froid jeté, j'attaquai le vif du sujet.

- « Tu as l'air vraiment fatiguée en ce moment.
- C'est toi qui dis ça ?
- Je m'inquiète pour toi et pour le bébé. Je pense que le fait que tu viennes tous les soirs te fatigue.
- Mais c'est à moi d'en juger, non ?
- Écoute, on va pas se voiler la face. Je suis malade et j'essaie de me concentrer sur ma guérison. Toi tu es

enceinte et il faudrait que tu te concentres sur ta grossesse. Ça serait mieux pour nous trois.
- Pour nous trois ? Non ça serait mieux pour toi et le bébé.
- Ne le prend pas comme ça, on est adulte non ? Je pense que peut-être, enfin je sais pas, ça serait mieux que tu ne viennes pas tous les soirs à l'hôpital. Peut-être que tu pourrais venir un jour sur deux.
- …quoi ?...
- Ça te fatiguerait moins, tu aurais plus de temps pour te reposer si tu rentrais directement chez nous après la classe.
- Mais… t'es vraiment un connard, hein.
- Ne le prends pas comme ça.
- Je le prends comme je peux… Depuis six mois je le prends comme je peux et ç'a pas l'air de t'émouvoir… Tu crois que ça m'amuse de venir à l'hôpital ?
- Non et c'est bien pour ça que…
- Ça m'amuse pas. Mais je peux pas faire autrement. Tu sais pourquoi ? Parce que je t'aime…
- Mais je t'aime aussi mais…
- Si tu m'aimais tu me voudrais avec toi tous les soirs et tu la fermerais quand je parle ! »

Elle s'énervait progressivement.
- « J'essaie de prendre la meilleure décision pour…

- Les décisions, on les prend à deux ! Tu t'inquiètes pour moi et pour le bébé ? Mais tu connais même pas son sexe ! Alors c'est quoi hein, une fille ou un garçon ! Pauvre connard ! Comment tu peux me dire, comment tu peux même penser, que je reste chez nous toute seule pendant que toi tu es à l'hôpital ! Ça me viendrait même pas à l'idée !
- …
- Mais la vérité c'est ça, c'est que depuis que tu es ici, y a plus que toi qui comptes. Je n'existe plus, je ne suis plus bonne qu'à être enceinte et encore tu t'en tapes. Mais tu sais quoi, c'est pas grave, je vais te laisser seul puisque c'est ce que tu veux. J'en ai marre de m'occuper de toi et de me rendre compte que tu ne m'aimes plus. Tu demanderas à ton nouveau copain Éric de consoler tes cauchemars et d'essayer de t'aimer comme avant. Tu lui demanderas de faire des projets en prévoyant toujours pour deux et pour trois. Et puis surtout, demande-lui bien d'accepter d'être traité comme une merde. Mais préviens-le, c'est pas facile. »

Elle s'en fut, cette fois en claquant la porte. Mon bébé mémorisait depuis deux semaines. Il devait avoir une belle image du couple ; si seulement il était arrivé un an auparavant, quand nous étions heureux. Mais je ne pouvais pas le blâmer, je savais bien qu'il n'avait pas choisi la date.

Il m'arrivait de repenser à mon couple quand nous étions plus jeunes. Je revoyais mes efforts pour son amour et les siens pour ma carrière. Il y en avait eu des tonnes – moins de ma part. Au bout de sept ans de carrière, j'étais passé de jeune diplômé à directeur d'usine. Ça n'est pas la voie normale, on ne devient pas directeur avec sept ans d'ancienneté, même pour une petite usine, même pour une petite entreprise. C'était la voie plus que royale que j'avais prise. Autant ne pas cacher que ma femme avait dû jouer la charmante moitié dans les réceptions mondaines.

Ça n'avait pas été facile, à peine arrivés dans la vie professionnelle, nous avions dû nous comporter comme les quadragénaires qui m'entouraient. Dure épreuve, ma femme avait eu du mal à s'habituer ; elle avait appris en regardant les autres femmes, et elle s'était mise à rire aux blagues sur l'aluminium et à caresser l'épaule de mon chef en murmurant : « Oh, vous êtres trop ». Elle avait affûté ses talons et accepté de n'être que la femme de, à serrer des mains qui n'étaient intéressantes que pour moi, à sourire en suintant le gloss, la laque, l'obéissante bourgeoise.

La première soirée à laquelle nous fûmes invités fut particulièrement éprouvante. Nous étions chez mon chef d'alors, en région parisienne, pour fêter l'année qui s'achevait. C'était une soirée officieuse, intime, avec « les collègues les plus proches ». Les mots n'ont pas le même sens pour tout le monde, sinon bien des guerres auraient été évitées et quarante personnes n'auraient pas été présentes à cette soirée.

Des ingénieurs de la boîte remplissaient l'appartement de mon chef, qui était pourtant gigantesque, et les affriolantes compagnes de ces hommes brillants souriaient d'aise, habituées à claquer des talons et du fric. La moyenne locale était trente-neuf ans et 73 000 ☐ de salaire annuels. Mon jeune couple avait eu peur de faire tache ; je ne gagnais pas autant, je sortais de l'école et j'étais juste bon à tirer grand la langue pour lécher chacune des fesses de la hiérarchie.

La soirée fut gargantuesque : trop à manger, trop à boire, trop de mauvaises blagues. Nous nous rendîmes compte assez vite que les gens étaient là pour flamber. La fête intime se transforma en débauche bourgeoise, les invités étaient prêts à faire n'importe quoi, le maître de maison applaudissait, sa femme était soûle, mais ça n'avait l'air de choquer personne. Une jument aurait pu noyer la ville sous sa pisse, personne ne s'en serait plaint.

« Sacré soirée hein ! » avait beuglé mon chef en regardant profondément le postérieur de me femme.

Les employés les plus vieux étaient partis à minuit – les meilleures soirées sont les plus courtes et celle-ci paraissait longue comme la Muraille de Chine. Les plus jeunes, quant à eux, avaient continué de boire et à rire fort. Les épouses s'ennuyaient à mourir mais simulaient à merveille leur intérêt dans la conversation. Elles ponctuaient leurs rires par des petits soupirs de soulagement et des caresses sur le bras de leurs maris. Mais elles regardaient leurs chaussures suffisamment souvent pour qu'on pût comprendre qu'elles s'emmerdaient comme des rats morts. Ma femme n'avait aucun mal à les imiter, et je voyais qu'elle était au bord du gouffre et de la crise de nerfs.

- « Allez on va porter un toast ! Pour la femme du chef, hip hip hip…
- Hourraaa !!

- Hip hip hip...
- Hourraaa !! »

Mes collègues buvaient de plus en plus et certains commençaient à se rouler par terre. Ma femme m'avait rapporté le lendemain : « Ton collègue avec la chemise vert pomme, je l'ai vu partir hier soir. Enfin je l'ai juste vu mettre ses chaussures. Il s'était assis par terre et il rigolait comme un con. Sa femme n'avait pas l'air contente ». Ce collègue à la chemise vert pomme était un quadragénaire respectable, deux enfants, du ski en hélicoptère et un amour inconditionnel pour sa femme. Ajoutez à cela qu'il participait chaque année au Téléthon, en organisant des stands au siège social de la boîte et en versant à l'association des sommes dont il trouvait normal de faire profiter les autres. A cette soirée, en tout cas, sa femme ne profita guère.

Vers deux heures du matin, mon chef sortit d'un de ses placards un jeu pour 6 ans et +. Il m'appela à la table avec deux autres collègues et décréta : « Chaque partie perdue, c'est un shot ».

Ma femme cessa de faire bonne figure, elle me fixa et ça voulait dire que je ne devais pas y jouer. Mais je ne pouvais pas refuser. Carriériste et con comme j'étais, j'aurais sauté par la fenêtre s'il m'avait demandé de le faire. Ma femme murmura : « Ne me fais pas honte. »

Mais je n'eus pas à lui faire honte, mon chef perdit six fois d'affilée et commença ensuite à se rouler par terre en hennissant comme un gogol. J'avais beaucoup bu mais moins qu'eux tous. Et surtout je sortais de mon école d'ingénieurs où j'avais acquis la méthode et la ténacité. La méthode est de boire beaucoup d'eau au cours de la journée précédant la fête pour éviter le mal de crâne et la gueule de bois. La ténacité est de se dire qu'on est plus fort que l'alcool. Ca, je ne suis pas sûr que ça fonctionne puisque les seules fois où je l'ai vérifié, c'est que je n'avais pas beaucoup bu. Je pense en réalité qu'à chaque fois qu'on crâne sur l'alcool, l'alcool nous le rend au centuple.

Et l'alcool était en train de le rendre au centuple à tous mes collègues. Ils étaient ivres et au bord du décès. Mais je n'en fus consterné que le lendemain – sur le moment, j'étais trop préoccupé à faire bonne figure et à utiliser mon cerveau pour paraître sobre. Ma femme, en revanche, avait jugé tout son soûl ; elle ne buvait pas puisqu'elle conduisait pour rentrer, comme toutes les autres épouses, comme cette rousse magnifique dont ma femme m'avait dit : « Regarde-la, ça fait trois quarts d'heure qu'elle a les clés de la voiture à la main et qu'elle touche le coude de son mari, et lui, il répond pas ». En effet, il était concentré : il jouait à Hippogloutons.

Ce n'était que le lendemain, donc, que je m'étais rendu compte de la fête intime que j'avais vécue et des efforts de ma femme pour y rester toute la nuit. Courage et patience sont les maîtres mots du bonheur des couples.

Des années plus tard, elle avait toujours autant de courage, mais je crois que j'avais trop tiré sur la corde pour qu'il lui restât un peu de patience.

Après qu'elle fût partie en claquant la porte, j'aurais dû lui téléphoner. J'aurais dû m'excuser. Elle avait raison, j'avais été égoïste – depuis toujours mais surtout depuis mon arrivée au CHU. C'était peut-être la meilleure chose à faire. M'excuser d'être égoïste.

Il y a un début à tout.

III

L'infirmière déboula dans ma chambre comme une furie et ouvrit les volets.

- « Eh, je ne vous ai pas demandé de faire ça !
- Rester dans le noir c'est pas bon. Vous ouvrez vos volets et puis c'est tout. »

J'étais mis devant le fait accompli. On aurait dû me parler comme ça plus souvent. Comme elle ne souriait toujours pas, je lui demandai ce qu'elle avait prévu de faire pour Noël.

- « Je suis de garde. Je vais passer la nuit avec les enfants du service.
- Vous ne rentrez pas chez vous ?
- Je viens de vous dire que non. Mais vous devriez demander au médecin si vous pouvez pas rentrer chez vous. A priori vous y êtes autorisé. Pour Noël, on ne garde que les patients en stade final. »

Elle sortit en fermant la porte d'un coup sec, comme toujours. Je commençai à bien aimer mon infirmière. Elle avait la poigne solide et le parler franc. C'était ce dont j'avais besoin. Les gens passaient leur temps à être gentils avec moi et cette bonne femme était la seule à me traiter comme je le méritais. Elle était stricte et ne lâchait rien, si bien que je prenais mes pilules dans la minute où elle passait la porte de ma chambre. Sinon, elle me forçait ; en me faisant peur.

Je continuais à être désagréable avec elle, pour la forme, mais c'était de moins en moins souvent et je commençais même à lui faire des blagues. J'avais fini par me dire qu'on était tous les deux dans des situations difficiles et qu'il fallait s'en accommoder. Et surtout, c'était mon infirmière et je la voyais tous les jours : autant faire avec.

Ça ne devait pas être évident de passer ses fêtes de fin d'année en compagnie des cancéreux. Le métier d'infirmière était déjà compliqué, pour peu qu'on tombât sur des patients aigris comme moi ou malodorants comme le cancer du côlon de la chambre d'à côté, mais devoir annuler ses vacances en famille au profit d'une poignée de malades devait être un gros sacrifice.

Quelques heures plus tard, le médecin me sortit le même discours que l'infirmière. Je devais profiter de Noël pour me ressourcer, recharger mes batteries, faire le plein, et toutes les expressions électromécaniques qu'il avait pu trouver. Il aurait pu ajouter : faire la vidange, décalcifier, resserrer les boulons. Il me dit aussi, sur le ton de la plaisanterie, de ne pas oublier mes pilules si je ne voulais pas rester à jamais au pied du sapin ha ha ! Ce médecin était aussi drôle qu'une botte d'asperges.

Mais la bonne nouvelle était que j'allais pouvoir quitter ce lieu de mort pendant trois jours. J'appelai ma femme immédiatement, je laissai un message, puis j'appelai mon père. Nous allions fêter Noël tous les trois et demi. C'était la première fois depuis au moins quinze ans que j'étais heureux de partager Noël avec mon père. Ça me faisait plaisir de recommencer à l'aimer, je me sentais tout euphorique. Ça me donnait du courage pour faire partie des 10% de guéris après cinq ans.

Les six demi-finalistes ont déjà passé deux mois d'épreuves, de shootings, de leçons de marche, mais elles ne savent pas encore ce qui les attend avant d'accéder à la grande finale.

« On s'est tellement amusées, on a voyagé, Tokyo, Paris, Milan, mais la compétition devient vraiment dure. »

Aujourd'hui, les six jeunes filles vont participer à un shooting... pas comme les autres...

J'avais hâte de savoir ce que c'était ; MTV est plein de ressources pour faire passer le temps. Tous les mardis après-midi, je regardais « Date My Mom » mais ce jour-là je m'étais trompé d'horaire et j'étais tombé sur « America's Next Top Model ». C'était la demi-finale et apparemment la compétition était rude : les six filles étaient vraiment jolies, sauf une qui était malheureusement obèse et une autre qui combinait une peau blanche de linceul avec des yeux translucides – celle-là faisait peur.

« Bonjour mesdemoiselles, je suis Danito Blöd, le célèbre fashion designer milano-berlinois. Je suis dans le coup. Vous avez certainement vu certaines de mes photos pour les yaourts aux fruits ou les crèmes Nivea pour les pieds. »

Les six jeunes filles se pâmèrent.

« Aujourd'hui je vais vous prendre en photo pour un sac à main. Mais ça va être des conditions un peu particulières. Vous allez enfiler des patins à roulettes et on va vous habiller comme des stars du X, et puis on vous entortillera un boa autour du cou. »

L'obèse confia aux caméras : « Jusque-là je ne voyais pas ce qui était différent de d'habitude. Mais quand je l'ai vu arriver… eeeurkkk !! Il était tellement gros et reluisant ! »

Une jolie noire y mit son grain de sel : « C'était un VRAI serpent ! On pensait toutes que ça serait un boa en plumes ou en coton, ou en flanelle, ou en velours, mais là c'était un vrai boa ! On a halluciné ! »

Les filles réussiront-elles ce shooting ? Restez avec nous !

L'émission fut coupée par quelques publicités pour le Coca Cola Zéro et les sonneries de téléphones portables – comme quoi, il faut savoir cibler les besoins du public. Je ne fus pas déçu.

Katia a une peur bleue des serpents. Elle est tétanisée et refuse le shooting. Le coach des filles décide d'aller lui parler.

Un blond décoloré et décalcifié se mit à parler, le menton levé et la main sur la cambrure de ses reins.

« Katia ma chérie, qu'est-ce qui se passe ? Tu as peur des serpents ? Mais qu'est-ce que tu crois Sweety, qu'on devient top model en claquant des doigts ? Non, je te le dis tout de suite. Un top model, ça sait poser et ça sait aussi affronter ses peurs. Allez Honey Poney sèche tes larmes, je te veux sous les projecteurs dans cinq minutes. Juste après Lindsey. »

J'aurais bien voulu savoir ce qui devait se passer ensuite mais mon père déboula dans la chambre et s'écria : « Quoi ! Mais t'es pas prêt ! »

Je lui demandai de quoi il retournait en me retournant. « Mais c'est moi qui te ramène chez toi. Quoi, je croyais qu'on s'était mis d'accord ! »

Je n'étais au courant de rien mais je ne demandai pas mon reste. J'éteignis le téléviseur et tant pis pour le prochain Top Model des Amériques. Je n'avais pas envie de moisir dans cette chambre et fus prêt en dix secondes.

Noël !

Dans le hall d'entrée du CHU, je croisai Éric qui traînait ses chaussons près de la machine à jus de fruits.

- « Eh, qu'est-ce que vous faites là avec votre manteau ? Vous sortez ?
- Je rentre chez moi ! Enfin, juste trois jours. Et toi, qu'est-ce que tu fais encore ici ? Ta mère est pas venue te chercher ?
- Mais… pourquoi ?
- Eh bien… tu…
- Mais… »

La consternation sur son visage n'était pas difficile à lire. La situation étant devenue embarrassante, je lui dis au revoir et lui donnai rendez-vous le 26 décembre au soir, pour une partie de Takedowns sur PS3.

- « Tu vas prendre tellement cher que tu pourras pas t'en relever, gamin !
- Ouais… bah joyeux Noël en tout cas. »

J'aurais préféré qu'Éric soit moins intelligent. Mon père démarra sa voiture et me dit de m'attacher.

- « Vraiment, putain je pense à rien !
- Mais c'est pas grave, fils, c'est juste une ceinture…
- Je parle de… mais, Papa ! Je parle d'Éric !

- Ah, le gamin… oui, c'est vrai c'est triste. Il a quel âge ? Il doit pas avoir dix ans.
- Faut vraiment que je sois un sale con.
- Arrête…
- Bien sûr, oui, j'arrête ! Putain de bordel de merde ! Éric est pas débile, si je pars trois jours et qu'il reste ici, c'est qu'il y a une raison ! Et moi, comme un gros con, alleeeez ! En plein dedans !
- Mais enfin, arrête ! C'est pas ta faute, il est malade voilà, il est malade.
- Il est malade ouais, il est en stade final surtout.
- Écoute, je sais que ce que tu vis en ce moment, c'est pas facile. Mais te rendre responsable de tout et de rien, c'est pas ça qui te fera guérir. Arrête de t'incriminer, d'accord ? Pense un peu à toi.
- Penser à moi… »

Je n'avais pas besoin qu'on me le dît pour le faire. J'aurais simplement voulu être un peu moins con.

Devant nous, à un feu rouge, un groupe de treize jeunes traversèrent la rue. Parmi eu, seulement trois n'avaient pas de pantalon slim : l'un était habillé en gangster de Bouguenais et les deux autres étaient des filles en mini-jupes. Les dix autres avaient moulé leurs jambes dans la mode et arboraient de formidables mèches qui leur tombaient jusqu'au menton. C'était à se demander comment ils faisaient pour marcher, surtout pour l'un d'eux, sans doute le Jésus du groupe, avec des cheveux si blonds et tellement plaqués sur le côté qu'on l'aurait pris pour une adolescente des années 90. Il n'en fallu pas plus pour me prouver que le monde allait mal. En un sens, c'était rassurant de voir que je n'étais pas le seul.

Si je pouvais me permettre d'établir ma propre échelle de valeurs, je dirais que les trois jours de Noël se passèrent sans encombre. Sur une échelle absolue, bien sûr, entre le regard brisé de ma femme enceinte et ma gueule de mort-vivant, avec mon père croulant sous son âge et le poids de ses mensonges, nous ne devions pas comptabiliser beaucoup de points. Mais il n'y eut ni crise de larmes, ni règlement de comptes.

L'appartement n'était pas décoré mais tout le monde s'en foutait. Il n'y avait pas de sapin pour laisser des épines partout, ni de guirlande en pop-corn comme nous en faisions ma sœur et moi, pas d'autocollant au mur non plus – ç'a toujours été une vraie saloperie à enlever. L'appartement était vide de tout ce qui se rapprochait à Noël. Les cadeaux ne portaient même pas le nom du destinataire, et quant à la traditionnelle bûche, il n'y en avait que trois parts de chez le traiteur enveloppées dans de la cellophane. Ç'aurait seulement pu gêner mon bébé mais il n'avait pas encore l'âge d'ouvrir les yeux. Et Dieu m'est témoin que le jour où il serait en mesure de les ouvrir, un beau spectacle de tristesse monoparentale lui tendrait sans doute les bras.

L'absence de décor, en tous cas, n'enleva rien au calme et à la sérénité de ces trois jours. Ma femme se gava comme une oie et c'était plutôt bon signe ; après plusieurs semaines de dépression tenue secrète, et malgré le moral toujours à zéro, c'était la résurgence de l'appétit et de la santé. « Quelqu'un qui mange bien est quelqu'un en bonne santé » disait ma grand-mère – je crois. Moi je préfère : « Quand l'appétit va, tout va. »

Nous téléphonâmes à ma sœur qui fit encore semblant d'aller bien, surtout avec ma femme – enfin, j'imagine. Mon père n'était pas idiot et il avait senti les trémolos dans la voix de sa fille ; on n'est jamais trompé par la chair de sa chair. Nous partîmes nous coucher tôt, entre vieux, malade et grosse, et je versai une petite larme de retrouver le moelleux de mon lit. Juste une petite larme, vraiment pas grand-chose, le simple détail qui vous différencie du singe, c'est tout.

Une petite larme qui vous fait regretter comment c'était avant.

Vous ne savez pas ce que vous regrettez, mais c'est là, c'est l'atmosphère, ça n'a pas de nom. C'est comme revenir à l'endroit où vous avez grandi, ça fait pareil. C'est comme retrouver une photo de vous à huit ans sur la Côte Atlantique, ça fait pareil. Ça vous rappelle des souvenirs et vous vous dites qu'à cette époque-là c'était bien. Vous vous mentez, bien sûr, à cette époque-là il y avait aussi des hauts et des bas, mais désormais seuls les hauts se manifestent et vous restez comme un idiot devant votre photo, et vous regrettez. Vous êtes nostalgiques, ça fait bizarre.

Ayant pris l'habitude de me réveiller tôt à l'hôpital, j'étais debout dans mon salon bien avant le lever du soleil. Je croisai mon père qui rentrait chez lui. Il n'avait pas l'air très heureux mais c'était peut-être parce qu'il était vieux.

- « Joyeux Noël Papa.
- Joyeux Noël.
- Pourquoi tu fais cette tête.

- Tu prendras bien soin de toi hein, tu guériras bien.
- Je fais de mon mieux.
- Oui, parce que… enfin bref, je me sauve. Tu sais, je t'aime. »

Je ne sais pas pourquoi sa dernière phrase me claqua l'oreille. Ce n'était pas la première fois qu'il me disait qu'il m'aimait. Peut-être que ça ne fait pas pareil quand vous aimez aussi la personne qui vous le dit. Peut-être qu'avant, je ne distinguais pas la vérité à travers tout ces méandres de mensonges. Je passais outre et c'était marre. Mais ce jour-là, je l'entendis résonner dans mon crâne et ressortir de moi par toutes les possibilités, les pores de ma peau, les oreilles, le nez, le cul même. Moi aussi je l'aimais, ce vieux, cet imbécile d'original, ce rêveur de père.

- « Eh Papa, reste à la maison. Pour aujourd'hui.
- Je veux pas déranger.
- Tu déranges pas. De toute façon, je retourne à l'hôpital demain. »

De toute façon, je devais à Éric une partie de Takedowns. C'était un jeu vidéo où l'on pouvait conduire de grosses bagnoles et dont l'intérêt était de faire des carambolages. Tu es rentré dans l'aile arrière de ton voisin ! Super takedooown !

Plus vous en faites, plus vous gagnez de points. Et quand vous gagnez des points, vous pouvez débloquer d'autres modèles de voitures. Triple takedown ! Tu as gagné une récompense cowboy ! Éric aimait bien ce jeu, il s'acharnait sur les pick-ups et débloquait sans cesse de nouveaux modèles. Moi, plus réaliste, je savais qu'on ne pouvait pas mieux jouer qu'avec la Ford Sierra

RS500, modèle 1988. Elle n'allait pas vite mais grâce à sa reprise du tonnerre de Dieu, on pouvait faire un takedown à n'importe quelle Porsche.

Comme c'était Noël, ma femme dut se dire qu'elle pouvait sourire. Elle avait l'air moins brisée que la veille et quelqu'un qui ne la connaissait pas aurait presque pu dire qu'elle affrontait la vie avec sérénité. Sans doute était-ce le fait d'avoir dormi à côté d'un corps phénoménalement maigre comme le mien qui lui avait donné des forces. Elle avait dû se dire : « Je ne veux pas finir comme lui ! »

La journée fut calme et la même nuit se reproduit ensuite, avec sa nostalgie Aznavourienne et ses pincements au cœur. Le lendemain, j'étais de nouveau au CHU.

Mon sac à peine posé sur mon lit, je me rendis chez Éric mon ami anciennement roux pour y faire une partie du très fameux Takedowns. Je croisai une infirmière devant la porte, qui sortait de la chambre d'Éric en faisant la gueule.

- « Vous allez où comme ça ?
- Voir Éric, pourquoi ?
- Vous devriez le laisser se reposer. Il est très affaibli, je crois que, enfin je crois que vous devriez le laisser tranquille pour aujourd'hui.
- Bon.
- Voilà.
- J'irai le voir demain alors.
- ...en fait, il faut vraiment qu'il se repose. »

Une mauvaise odeur de sapin m'arriva aux narines. Je n'aimais pas bien ça, je n'avais pas envie de perdre mon seul ami ; pas encore. Je voyais bien qu'il avait des cernes et qu'il ne courait pas dans les couloirs comme les autres enfants – hormis les petits poitrinaires qui s'essoufflaient en un rien de temps à cause de leur muco-respi-saloperie. Mais Éric était coriace au moins autant que moi. En plus, il vivait mieux sa dégradation que je ne vivais la mienne. Ça m'aurait brisé le cœur de le voir mourir.

Janvier ne me laissa pas le temps de me poser beaucoup de questions. Ma femme en était au septième mois de grossesse et c'était à ce moment-là qu'apparemment je devais intervenir. Je n'avais plus l'occasion de penser à ma vie. Je voyais Éric en courant d'air entre deux séances d'apprentissage respiratoire et de préparation à l'accouchement.

Ma femme avait vraiment pris du poids et ça lui allait bien. Son expression ne changeait pas mais elle portait des habits rigolos, comme cette espèce de t-shirt ample avec un spermatozoïde en imprimé noir et blanc. Lors des séances de respiration, elle était la meilleure pour la position du crapaud et elle gonflait son ventre et le dégonflait comme un ballon. C'était impressionnant, quand elle se dégonflait, on ne voyait plus qu'elle était enceinte et on se retrouvait en face d'une jolie femme bien en chair.

Moi, je faisais le crapaud aussi, en moins souple ; en fait, je m'accroupissais et voilà tout. Mais je faisais bien les exercices de respiration et j'étais bon pour dégonfler mon ventre. On voyait toutes mes côtes. Me gonfler était une autre paire de manches, je n'avais rien en moi à faire ressortir – à part la maladie, mais allez faire ressortir votre pancréas par la respiration, je vous souhaite bien du courage.

Le médecin, je veux dire le mien, n'avait pas vu ces séances d'un bon œil. Je devais m'absenter de l'hôpital plusieurs heures d'affilée, il n'aimait pas. Je m'essoufflais, il n'aimait pas. Je faisais travailler mon corps, il n'aimait pas.

- « Vous n'aimez rien ?
- Quoi ?!
- Bah ! »

Il n'aurait pas aimé non plus que je fusse mort.

- « C'est bien ça, vous n'aimez rien !
- … !! »

C'est que les médecins sont compliqués, ils voudraient que vous restiez immobile toute la journée et que vous soyez heureux. Comme si c'était compatible pour autre chose que les enfants en bas âge et les lézards des sables. En fait, les médecins veulent tout et leur contraire ; ils sont pires que des femmes. Je devais déjà ménager la mienne avant de m'intéresser au ménagement des autres. Alors j'avais décidé d'aller aux séances respiratoires.

J'étais content d'en faire enfin partie. Depuis mon hospitalisation, elle avait tout fait toute seule ; je l'y avais d'abord poussée, avec mon comportement d'imbécile, puis elle avait continué sans me demander mon avis. Mais désormais, j'étais dans la place, et l'idée que mon bébé sentît mes mains tout près de lui me chamboulait. Mon quotidien et ma blonde avaient changé. Le premier était bien plus intéressant et la seconde avait l'air relativement plus sereine. Tous deux étaient passé de rien à tout, de A à Z, du coq à l'âne, etc.

Les frais de grossesse étaient désormais pris en charge à 100% – sauf les fringales nocturnes et les caprices vestimentaires. La Sécurité Sociale devait détester mon couple au vu de notre contribution à son trou. Nous devions être sur la Grande Liste Noire des Remboursements, peut-être même en tête, dans la catégorie : les gens qui pompent et qui ne contribuent pas. Parce qu'effectivement, comme j'étais en arrêt maladie et que ma femme avait un salaire de professeur des écoles, nous ne contribuions pas à l'économie française de façon phénoménale.

Mais nous y avions contribué grâce à mes rotules et la France, pays de la fraternité, nous devait bien ça.

- « Quand est-ce que tu prends ton congé maternité ?
- A la fin du mois prochain.
- C'est bien, comme ça tu pourras bien te reposer.
- Oui et puis il commence à être vraiment lourd. Hier j'ai regardé le calendrier de grossesse, tu sais dans la cuisine.
- Oui.
- Je risque d'avoir des montées de lait dans pas longtemps, enfin c'est possible.
- C'est pour ça que tes seins sont énormes ?
- Oui. Pourquoi tu demandes ? Qu'est-ce que tu croyais ?
- Non, rien... mais tes seins... quand même... »

Nous convînmes ensuite que je devrais contribuer à la décoration post-natale. Quelques mois plus tôt, cela m'avait laissé indifférent et je voulais bien repeindre la chambre en n'importe quelle couleur, jaune-orangé, noir, pois rouges. Mais je passais désormais mes journées à dépérir, dans ma chambre d'hôpital, ou à faire le crapaud en compagnie de femmes toutes plus rondes les unes que les autres ; aussi avais-je sauté sur l'occasion de décorer la chambre du bébé. J'écumais les catalogues et faisais mes propositions lorsque ma femme venait le soir.

En réalité, elle ne venait pas tous les soirs. Le mardi, elle ne venait pas ; elle devait rester à l'école pour donner l'étude, de sorte que les parents qui travaillaient jusque tard pouvaient laisser leurs marmots entre de bonnes mains tandis que je restais entre celle de mon infirmière disgracieuse. Le bonheur des uns au détriment des autres, normal. « Tu exagères » m'avait-elle dit quand je lui avais fait part de mon opinion à ce sujet. « Et pour celui-là, de sujet ? » avait-elle ajouté en pointant son gros ventre.

Le bureau/chambre d'amis/du bébé avait été repeinte par mes soins, comme vous le savez, quelques mois auparavant. J'avais joué du pinceau pour faire un pan de mur moucheté du meilleur goût. La couleur, on ne va pas revenir là-dessus... mais l'effet moucheté, c'était ma touche perso, la patte de l'artiste. Pour ce qui était du mobilier, nous nous accordâmes sur des choses simples et épurées sachant que d'une part, le bébé n'aurait pas encore les moyens de juger l'esthétique, et d'autre part, qu'avec la génétique qu'il se traînait il ne serait de toute façon pas satisfait.

D'autre part, la future maman s'était dotée d'un genre de hamac en coton équitable qu'elle pourrait se mettre autour du ventre pour y promener son gamin. Quant à moi, j'avais fait acheter une table à langer que j'avais délibérément voulue grande, sans m'apercevoir que lorsque le bébé n'aurait plus la taille d'y rentrer, cela ferait déjà bien deux ans qu'on ne le langerait plus.

Personne n'est parfait, on fait les efforts qu'on peut.

Un jour que j'allai me chercher un jus de fruits pour passer le temps, je vis la mère d'Éric pleurer dans un coin en essayant de ne pas faire de bruit. Elle grimaçait de douleur, elle ne voulait vraisemblablement rien laisser sortir, ses mains contenaient la quasi-entièreté de son visage et ça dégoulinait l'eau dans tous les sens.

Voilà.

J'étais trop lâche pour aller la voir, et de toute façon je n'aurais pas pu la consoler. Une autre femme s'approcha d'elle et lui pris le bras en se penchant comme quand on veut parler à un enfant. Je n'entendis pas ce qui se disait – j'aurais préféré être sourd que de l'entendre.

Le message était clair. J'ai écrit plus haut que le problème des hôpitaux est qu'on y dépérit plus vite qu'ailleurs. Je me suis trompé. Le véritable problème des hôpitaux est qu'on y croise des enfants. Le reste, l'ennui, l'odeur de mort, tout ça n'est rien. Les heures de visites, le bruit du téléviseur quand il s'allume, on s'y fait, ce n'est pas pire qu'ailleurs. Mais croiser des enfants dans les couloirs du service de cancérologie, on peut essayer tout ce qu'on veut, ça reste une vraie plaie ; une épine plantée dans l'œil droit et vous pouvez battre des cils, ça ne changera rien.

Cet enfoiré de Dieu est bien placé pour le savoir.

Mon copain Éric, j'avais beau le traiter comme un adulte, discuter avec lui de tout et de rien, de politique et d'amour, il ne pouvait m'offrir que le même visage, un visage mangé par la maladie, des dents de lait même pas vigoureuses et des yeux fatigués comme c'était pas permis. Et même quand je me mettais à sa hauteur, que je lui faisais des crasses, que je rangeais ses chaussons dans le frigo des infirmières et que j'enviais l'amour que lui donnait sa mère, mon impression restait la même : Éric n'avait pas à être là, ce n'était pas sa place. Nous, les adultes, on arrive toujours à se dire qu'il faut mourir un jour. Un adulte chauve, c'est triste mais c'est la vie. Un enfant chauve, c'est laid et dégueulasse.

Le milieu de l'hiver sonna le glas des printemps d'Éric. Quelques semaines plus tôt j'étais persuadé qu'il allait mieux parce que c'était un enfant et qu'on ne tue pas les enfants. Je me disais : « Ou alors, la vie est mal faite ». Mais plus je me dégradais, plus je comprenais à quel point la vie pouvait être mal faite. J'avais beau être robuste, la mort du petit chauve me perça le cœur et y laissa un pieu tellement gros que j'en ressens encore la douleur.

Je commençai à me dire qu'on avait eu raison de mettre la vie au féminin ; parce qu'elle minaude et qu'elle fait les yeux doux à qui elle veut. Et puis, sur un coup de tête, elle se désintéresse de vous et vous vous retrouvez froid comme les restes du rôti, à ne pas comprendre ce que vous avez fait pour mériter la tempête qui vient de vous tomber sur le coin de la gueule. La vie est cruelle, ça ne peut être qu'une fille. Elle est insidieuse, perverse et trompeuse, en apparences mais pas seulement, elle est comme les fils de poireau dans la soupe : ça se passe très bien jusqu'au jour où par hasard vous vous étouffez.

La vie est une femme, elle manipule en souriant, c'est une chipie, une peste, une pie-grièche et elle vous frôle en murmurant : « Un accident est si vite arrivé », « bats des cils, tu verras plus tard que ça vaut le coup », « un tiens vaut mieux que deux tu l'auras, de toute façon je reprends tout. »

L'absence d'Éric dans ma vie de malade me fit plus de tort que je n'aurais pensé. Je me remis à réfléchir, à gamberger, avec des chiffres, avec des statistiques qui me mettaient en colère contre tout et contre rien. Sur un échantillon de mille personnes, combien meurent selon leur volonté ? Combien d'enfants, combien de femmes ? Est-ce qu'on peut dire qu'un enfant qui meurt a eu la chance de mourir selon sa volonté ? Comment est-ce réparti par pays, par culture ? Je me mis à croire que la vie n'était qu'une succession de statistiques, c'est moche – mais que celui qui peut prouver le contraire lève le doigt.

Mon père leva le sien, gros, orange et gras. Il me parla de l'amour qui est primordial dans la vie et bla bla bla… le fil et l'aiguille l'amenèrent à parler de ma femme.

- « La semaine prochaine y a sa dernière échographie.
- Ah bon ?
- Quoi, tu savais pas ?
- Non.
- Elle a dû t'en parler.
- Mais, non !
- Eh bah t'énerve pas. Je pensais que tu irais avec elle, comme elle va mieux depuis quelques temps. »

La pièce subit l'invasion d'un silence que je brisai aussitôt.

- « C'est vrai qu'elle va mieux depuis quelques temps.
- Ah oui. Ça c'est depuis qu'elle va voir le psy.
- Quoi ?
- Quoi quoi. Je dis que ça va mieux depuis qu'elle va voir le psy.
- Mais…
- …quoi ?
- … !
- Oh si c'est la maison des secrets aussi ! »

Gros silence. Je dus le briser.

- « Bon.
- Quoi ?
- Tu vas me dire oui ?
- Ta femme se fait suivre tous les mardis soirs depuis Noël. Je croyais que tu savais. »

Mon père ne voyait pas pourquoi je n'étais pas au courant et moi, moi je ne voyais pas plus loin que le bout de mon nez. J'avais été suffisamment con pour croire que ma femme allait mieux depuis que j'étais retourné trois jours chez nous, diffusant ma magie bienfaitrice dans tous les recoins de notre appartement. En réalité, je vous le dis : il n'y a pas de miracle. Ma courageuse blonde se faisait guérir de son ultra moderne solitude par un professionnel.

Mais je ne pouvais pas lui en vouloir, on ne faisait pas le concours de celui qui resterait le plus longtemps sans appeler à l'aide. Ou plutôt moi si, mais je jouais avec moi-même.

Peu agréablement surpris d'avoir été mis au parfum sur l'état de mon couple, j'accompagnai donc ma femme à sa troisième et dernière échographie. C'était toujours le même gynéco, celui à la vie privée exotique. Quand il me vit arriver, il me serra vigoureusement la main et s'exclama : « Ah, le futur papa ! Eh bien je suis content de vous revoir ! Vous étiez passé où ? C'est bien simple, je croyais que vous étiez mort ah ah ! »

Ah ah, c'est tout sauf simple. Je ne comprenais pas pourquoi ma femme avait continué de consulter chez ce médecin-là, avec son fiston qui mixait dans des clubs glauques et son ex-femme au visage intransigeant.

Pour la première fois, je vis mon bébé en direct sur l'échographie. Ça me fit quelque chose. Sa zigounette n'était pas énorme, d'ailleurs je n'arrivais pas à la trouver, mais je me gardais bien de poser la question de peur de passer pour un imbécile. Le médecin analysa les images et en déduit que « l'examen morphologique était ok », ce à quoi ma femme répondit :

- « Mais, la fois d'avant, déjà, vous aviez fait un examen morphologique.
- Oui, oui. Mais ça n'est qu'à partir d'un certain stade de développement qu'on peut dépister la plupart des petites choses, les maladies, les malformations... c'est

pour ça qu'on attend le septième mois pour l'examen complet. »

Et puis, il se sentit obligé de faire une blague : « Et maintenant on passe au papa, ah ah ! Venez, voyons un peu ce qu'il y a dans votre ventre ! »

J'avais envie de répondre : « Pauvre con, si tu savais ce qu'il y a dans mon ventre au moins tu fermerais ton claque merde ». Mais je répondis en réalité : « Ah ah, non c'est bon ». Et je déviai la conversation pour retomber sur mon bébé, puisqu'il était l'objet de notre visite. Je posais beaucoup de questions parce que j'étais curieux – sans aborder la question de son sexe – mais j'aurais peut-être mieux fait de me taire quand j'appris que mon bébé découvrait le goût en ingérant son liquide amniotique.

Je ne l'avais pas volée, l'envie de vomir fut immédiate. Peu de choses me donnent la nausée, je monte en bateau, en avion, je n'ai pas peur des yaourts périmés, mais les liquides étranges me bloquent, ils me tétanisent. Mon propre enfant ne pouvait pas se faire ça à lui-même, il ne pouvait pas s'imbiber de liquide amniotique. C'était atroce, suicidaire... répugnant, dégoûtant, abject, immonde, il paraît qu'il n'y a pas de synonyme parfait alors je les mets tous.

Le sergent Robbie Daylong, négociateur du district de Courtlane à Miami (Fl.) arrive sur les lieux du drame. Il recueille les informations de l'officier McNaze : un bébé s'est pris en otage lui-même et se force à boire du liquide amniotique pour s'apprendre le goût. Robbie se rend devant la porte de la maison où tout se joue. Il n'hésite pas, il sait que chaque minute compte : « Il y a quelqu'un ? Je suis le sergent Daylong, je voudrais vous parler ». Un coup de feu retentit. Le bébé court à travers la pièce et s'arrête derrière la porte d'entrée.

- « Je veux parler qu'au chef !
- C'est moi, je suis le sergent Robbie Daylong, du district de Courtlane.
- Est-ce que vous savez quel goût ça a le liquide amniotique ?
- Bien sûr que non !
- Alors vous ne pouvez pas savoir ce que je ressens ! Vous ne comprenez pas ma peine, ni ma douleur !
- Non, attendez ! »

Le bébé tire un nouveau coup de feu.

- « Attendez, ne faites pas ça ! On peut s'en tirer, vous et moi en travaillant ensemble !
- Personne ne compreeeeeennnd !! »

Le bébé pleure maintenant à gros bouillon. Le sergent Daylong en profite pour défoncer la porte et maîtriser la cible. Il remet le bébé aux autorités compétentes qui vont lui coller une bonne fessée. La journée a été longue mais le soleil se couche toujours du bon côté sur les États-Unis d'Amérique.

- « Mets ta ceinture.
- Quoi ?
- Mets ta ceinture, je démarre. Bon je te dépose à l'hôpital et je file à la pharmacie.
- Pourquoi à la pharmacie ?

- Je suis enflée, je suis pleine de... de pets, le gynéco a dit que c'était normal en fin de grossesse. Mais, t'écoutais pas ou quoi ?
- ...?
- Parce que tu avais l'air ailleurs quand même. »

Ah, la vraie vie... j'aurais franchement préféré vivre aux États-Unis d'Amérique, là où les femmes n'ont pas de pet et où les bébés boivent du soda pour se former le goût. Cette vraie vie dans le 44 commençait sérieusement à me fatiguer, et j'étais las de ne plus me reconnaître dans le miroir. Je n'aimais plus ma chambre d'hôpital. Je continuais à me battre, ça c'était sûr, encore que l'expression avait perdu de son charme au vu de mon crâne clairsemé. En fait, j'en avais marre d'être malade et j'aurais bien aimé dire au médecin : « C'est bon maintenant, j'ai compris ce que ça fait, guérissez-moi et je vous jure que je serai gentil pour le restant de mes jours. Je vous assure, guérissez-moi. »

IV

Lorsque le médecin vînt me voir, le soir même, je n'eus pas l'occasion de lui demander quoi que ce fût – ni de me guérir, ni d'aller se faire foutre. Il tourna autour du pot cinq bonnes minutes, à utiliser toutes les expressions qu'il connaissait et tous les mots du champ lexical du courage, du bonheur d'avoir vécu et de la paix des âmes. Je restai coi quand il conclut. C'était la fin, je n'avais pas guéri du tout ; les formules de style avaient toutes pour conclusion le fait que je n'allais plus vivre très longtemps.

Le vide fut la seule chose que je ressentis. Ç'arrive sans doute à beaucoup de monde et me le dire était un réconfort comme un autre. Je me sentais vide de m'être battu pour rien. Je savais que je m'étais battu : je m'étais montré énervé par la maladie et mon esprit n'avait donné aucun signal à mon corps qui lui permît d'abandonner le combat. Mes soldats avaient déserté sans m'en avertir et je devais en assumer les conséquences.

Je n'avais pas envie de parler à qui que ce fût. Ma femme accouchait dans deux mois, quel père allais-je être si je n'étais plus là... et quel mari, quel frère, quel fils ? J'avais échoué.

Autant m'y faire.

J'enfilai mon manteau et sortis dans Nantes. Le début de février offrait un froid pénétrant mais qu'est-ce que ça pouvait bien me faire ? Ce n'était pas comme si je risquais de tomber malade…

Je marchai jusqu'à la Boulangerie d'Honoré et j'y achetai un croissant et un pain au chocolat, machinalement, comme je faisais quand j'étais étudiant, comme j'avais recommencé à faire, aussi, avec Éric.

« Vous avez une petite mine » me dit la boulangère, sans doute pour être aimable parce qu'honnêtement, ça ne changeait rien à sa journée. Elle aurait oublié mon visage dans la minute qui suivrait ma sortie. Je mangeai le croissant en remontant lentement, pour m'arrêter entre la place Royale et la rue du Calvaire, où je m'adossai à un mur et me mis à pleurer. Je n'avais pas pleuré depuis longtemps. Et je ne voulais pas mourir. Je pleurais de peur, adossé au mur, comme une merde, et je ne voulais pas mourir.

Je passai une bonne partie de la soirée dans cette rue et ne revins à l'hôpital qu'à cause de la fatigue : autant mourir dans un lit. Mon absence n'avait eu l'air de choquer aucune des infirmières de garde mais on a chacun ses problèmes et je ne pouvais pas leur en vouloir de ne pas s'intéresser aux miens. Arrivé dans ma chambre, l'une d'entre elles fit glisser ses savates jusqu'à moi.

- « Comment vous vous sentez ? Ça va mieux ?
- Qu'est-ce que ça peut vous foutre ?
- Ne soyez pas en colère… je comprends ce que vous ressentez. »

Elle parlait si doucement que je ne pouvais pas élever la voix, m'énerver, gueuler comme un veau contre elle comme lorsque j'étais directeur.

- « Ça vous ferait plaisir un thé ?
- Non.
- Un café ? Un chocolat peut-être ? »

Alors, j'acceptai le chocolat. C'était contraire au règlement mais les infirmières s'en moquaient et moi, j'allais bientôt ne plus avoir l'occasion d'enfreindre quoi que ce fût. Le fait de mourir me donnait un statut privilégié. Ce n'était pas réconfortant mais rétrospectivement, c'était toujours mieux que de mourir sans statut.

- « Combien de temps vous pensez que je vais encore... vivre...
- Je ne sais pas, honnêtement, je ne sais pas. C'est avec le médecin qu'il faut en parler.
- Ma femme accouche dans deux mois.
- Je... suis vraiment désolée. »

Elle avait l'air sincère, en plus, à croire que l'empathie existait en ce monde où l'abbé Pierre courbait le dos et où Mermoz avait vendu son âme à EADS. Ça n'était pas spécialement rassurant, non, le résultat ne changerait pas grâce à un chocolat chaud, mais ça faisait du bien au cœur ; et même si c'était son métier, l'infirmière se montrait compréhensive. Même si c'était son travail, même si ça ne changeait rien au dénouement, même si je n'allais pas garder de statut très longtemps... ça faisait chaud là où j'avais froid.

Mon père vînt me voir le lendemain, un peu avant midi. Il fallait bien que je le misse au courant de la suite des évènements.

- « J'ai une bonne et une mauvaise nouvelle à t'annoncer.
- Ah bon, vas-y.
- Je commence par laquelle ?
- Bah, je m'en fous. La mauvaise tiens.
- Le médecin est venu me voir hier. Il a dit que, enfin, mon état ne s'est pas amélioré. Et que...
- ...
- Eh bien, tu sais... je... ne vais plus trop... »

Mon père s'assit sur le rebord du lit.

- « Qu'est-ce qu'il t'a dit exactement ?
- Pas grand-chose.
- Bon. »

Un silence de mort s'installa et cette expression ne pourra jamais savoir à quel point elle était proche de la réalité à ce moment-là. On pouvait même entendre les infirmières en bruit de fond de couloir, qui apportaient les plateaux repas aux premières chambres. Mon père fixait ses pieds.

- « Est-ce que je peux faire quelque chose ?
- T'en fais pas. C'est comme ça, on n'y peut rien. »

Mon père avait les larmes aux yeux.

- « Bon. Et c'est quoi la bonne nouvelle ?
- En fait, c'est plus un service que j'aurais à te demander.

- Tout ce que tu veux.
- Mon bébé, quand il sera né, il va lui falloir une présence masculine. Et puis surtout, la maman va avoir besoin d'aide.
- …
- Fais juste ça. C'est important tu sais, la mère, le père, il va lui falloir beaucoup d'amour à mon gamin. »

L'infirmière m'apporta un plateau repas et s'efforça de sourire. Elle referma la porte derrière elle.

- « …tu lui as dit ?
- Pas encore. »

Malgré ses efforts, les larmes de mon père se mirent à remplir ses rides. Il me regarda dans un silence qui ne permettait à rien d'autre d'exister ; je décidai d'emmerder le silence et trouvai quelque chose à dire – quelque chose de bête, en l'occurrence.

- « Tu vas pas me regarder manger quand même. Va te chercher un sandouiche, quelque chose. Tiens, prend de ça si tu veux.
- Non j'ai pas faim. J'ai déjà mangé.
- Bon. Comme tu veux. »

Mon père soupira à nouveau.

- « Combien… enfin…
- Ils savent pas. Mais pas beaucoup. Quand est-ce que tu pars en Bretagne avec ton club de marche ?
- La semaine prochaine. Mais c'est… annulé.

- Ah bon ? Mais t'étais content pourtant. Pourquoi c'est annulé ?
- A cause de... du temps, ils prévoient de gros orages.
- Des orages sur deux semaines ?
- Oui c'est... dommage. Mais tant pis, tant pis. »

Des orages, sans déconner... avec l'âge décidément, mon père mentait de plus en plus mal. Et tout ça pour ne pas avouer qu'il préférait rester à proximité pour le jour où je claquerais. Ç'avait le mérite d'être délicat ; ce qui n'avait pas toujours été le cas avec mon père.

Ayant annulé son séjour en Bretagne, mon père venait désormais me voir tous les après-midis. Il me racontait sa journée, ce qu'il avait vu aux infos, des souvenirs de quand j'étais petit.

- « J'étais tellement fier d'avoir un fils. Tu étais tout ce que j'aurais pu espérer.
- J'imagine...
- Et tu ne m'as jamais déçu. Parfois tu faisais des conneries, mais j'ai toujours été fier de toi, de A à Z.
- T'étais content d'avoir une fille ?
- Oui ! Mais c'est parce qu'elle était la deuxième et que j'avais déjà eu un fils. Je sais, c'est la vieille école, mais avec un fils la descendance est assurée. Alors qu'avec une fille, bon...
- Hmmm...

- Mais tu sais, quand ta sœur est née, misère…
- Quoi ?
- Elle était pleine de poils. Elle avait des poils de partout, on aurait dit un… un bébé singe ! »

Il n'avait pas perdu son humour.

- « Mais je plaisante pas tu sais, elle était vraiment poilue. Quand je l'ai vue je me suis dit merde, malheur, qu'est-ce qu'on va faire ? Et puis c'est parti tout seul.
- Et ma mère ?
- Quoi ta mère ?
- Qu'est-ce qu'elle a dit quand elle l'a vue ? »

Mon père fronça les sourcils comme à chaque fois que j'abordais le sujet. Mais cette fois-ci, il soupira et défroissa son visage. On ne refuse rien à quelqu'un qu'on va perdre de vue.

« Ta mère… elle est morte en accouchant de ta sœur. »

C'était étonnant. De toutes les explications insolites que mon père nous avait lancées au visage, celle-ci était bien la moins originale et la moins classe.

- « Pourquoi tu me l'as jamais dit… je veux dire, c'est rien de…
- Parce que.
- Mais…
- Parce que !
- Ah oui, et tu as préféré mentir à propos de ma propre mère… Avec toutes tes histoires et tes salades à la con… Et les enlèvements, et les amants

américains, pourquoi tu nous as pas dit qu'elle était morte en accouchant ? C'est bien plus simple.
- Parce que je veux pas qu'on se souvienne d'elle comme ça. »

Nous y étions donc : Molière n'aurait pas accepté de mourir ailleurs que sur scène et mon père ne voulait pas que sa femme fût morte à la clinique.

- « Ça me faisait trop souffrir, de plus la voir, de plus la savoir près de moi. Un tout petit mensonge pour qu'on se souvienne d'elle comme il faut, ça te coûte rien, ça te change pas le quotidien. Viens pas m'emmerder avec tes histoires de sincérité.
- Mais c'est...
- La sincérité, c'est pour les cons, c'est des gens qui savent pas aimer. Aimer c'est déjà mentir, à soi-même et aux autres, quand on dit que ça ira, qu'on oubliera, qu'on pourra refaire sa vie. Mais tout ça c'est des conneries. On n'oublie rien. Ta mère elle était trop forte, trop courageuse, tu vois. Elle méritait pas de mourir en accouchant. Je voulais pas me souvenir d'elle comme ça, toute transpirante sur la table d'accouchement, avec du sang et du liquide partout et ta sœur qui braillait. Et ces connards de médecins qui disaient qu'ils avaient tout fait. »

Il s'essuya les yeux et se moucha.

- « Je serai là pour ton gamin comme tu m'as demandé, mais je serai là surtout pour ta femme. T'imagines même pas comme elle va avoir mal de te

perdre. Ça la prendra, comme ça, et elle pourra rien y faire. Et la nuit ce sera pire.
- Excuse-moi. Papa, viens…
- Non, c'est moi qui m'excuse. Je vois bien comme je t'ai déçu. C'était pas volontaire. Mais t'en fais pas va, je mentirai pas à ton petit. J'essaierai pas de te faire passer pour un héros… »

Il se moucha encore et esquissa un petit sourire.

« Il saura directement que t'étais un sacré con ! »

Il souriait tristement mais ça partait d'une belle intention. Il se moucha une troisième fois. Jusqu'où vous mène l'amour, franchement… j'avais dû mourir pour enfin savoir où et quand était partie ma mère. Au moins, j'étais fixé.

Je passai presque une semaine à me morfondre et à ne pas me résoudre à dire à ma femme que ça n'allait vraiment pas. Le courage me manquait. Je savais qu'il allait falloir s'y atteler et que plus le temps passait, moins il m'en restait sous le coude. Mais quand elle passait le pas de ma porte je n'osai plus. Son congé maternité venait de démarrer, elle était sereine. J'allais tout gâcher avec mes gros sabots et je m'en voulais de mourir à un point que je n'aurais jamais imaginé. Six jours avaient passé, je ne pouvais plus attendre très longtemps.

Cette matinée-là, je pris tout le courage qui me restait entre mes bras squelettiques et le gardait avec moi jusqu'à ce que ma femme vînt me voir. Je m'ordonnai de la mettre au parfum sur la mort qui rôdait dans mon propre lit. C'était difficile de garder tout ce courage mais je m'efforçai de ne rien laisser filtrer d'entre mes bras. A quatorze heures, ma femme entra dans la chambre et sourit. Ce fut ce sourire, un imbécile détail, qui me fit craquer comme une planche de bois sec et perdre tous mes moyens.

Cet après-midi-là, j'eus l'impression de la voir comme au premier jour alors que moi j'avais beaucoup trop changé pour me reconnaître dans la glace. Je la voyais tellement vivante que j'oubliais tout le joli discours que j'avais préparé. Je dus improviser quelque chose de maladroit, niais, sincère.

- « Tu sais, il faut qu'on parle sérieusement.
- Ah bon ? D'habitude c'est moi qui dis ça. »

Elle avait l'air heureuse et c'était tant mieux, l'idée qu'elle pourrait refaire sa vie me traversa. J'eus un frisson qui la fit froncer des sourcils. Moi j'allai claquer, c'était proche comme demain, ça ne me plaisait toujours pas et je continuais à me raccrocher à la suite comme un enfant qui vient d'apprendre que le Père Noël est une invention de Coca-Cola et qui reporte toute la magie de son enfance sur la petite souris.

- « J'ai vu mon médecin.
- Mais je sais.
- Ah bon ?
- Bah, il vient de sortir de la chambre.
- Ah non mais pas lui.
- Tu as plusieurs médecins ?
- Non.
- Alors… mais quoi ? »

Je repris mon souffle et posai les choses à plat.
- « C'est bien ce médecin que j'ai vu, mais ce que je veux dire, c'est qu'il est venu me voir la semaine dernière et que…
- Comme toutes les semaines. D'ailleurs comme tous les trois jours, non ?
- Laisse-moi parler.
- Pardon.
- Tu sais, mon état s'est beaucoup dégradé ces derniers temps. »

Je n'ai pas besoin de vous raconter la suite. Les larmes, la colère, l'hystérie, mon annonce fit son petit effet. Je n'essayai pas de la réconforter. Je savais que je n'étais pas capable de trouver les mots justes, et cet après-midi-là je n'aurais pas trouvé de mot du tout : c'est que les mots traduisent une idée et si vous n'avez pas l'idée, vous êtes bien parti pour vous emmêler les pinceaux dans des phrases interminables qui ne feront que redoubler les pleurs.

Je n'avais pas l'idée parce que je ne concevais pas ma fin. Après la mort il n'y a rien et je n'imaginais pas le rien. Je ne savais pas ce qui allait m'arriver après. Je ne pouvais pas expliquer à ma femme ce que je ne comprenais pas moi-même, je ne pouvais pas la consoler. Je la regardais pleurer et je ne disais rien. Franchement, quel mari étais-je ?

« Tu peux pas me laisser » suffoquait-elle.

Mais si. J'allais la laisser. J'allais la laisser vivre, elle allait devoir se montrer courageuse et tout reconstruire sans me compter dans les fêtes de famille, les vacances et les courses au marché. Nous étions un couple de catégorie B qui n'avait pas le choix. Je n'avais vraiment pas les bons arguments mais j'avais aimé cette femme plus que tout, plus que la Terre et plus que ma vie. Je n'avais pas menti sur ça ; j'aurais bien voulu mourir si j'avais pu la garder. Mais ça ne se passe jamais comme ça, à part à Hollywood ou dans les livres de science fiction. Là c'était la vraie vie, le mot au féminin, celle qui gifle et qui craque, celle qui tourne et qui rit, celle qui finit un jour, pour tout le monde.

Le soir, à encore entendre pleurer ma femme dans ma tête, je réfléchis à cette fin. Mais la réalité ne faisait pas plaisir. De toute façon, j'avais sans doute déjà cessé de vivre. Depuis plusieurs mois, depuis que je ne travaillais plus, que je ne participais plus à rien, depuis... depuis quand pouvait-on considérer que j'étais mort au monde, comme le coquillage qui se laisse porter sur la gueule de la baleine à bosses. Je vivais au travers de ma baleine depuis trop longtemps. Tous les projets, tout ce à quoi je pensais pour passer le temps, l'amour, les vacances, la décoration de la chambre du bébé, c'était sur la vie de ma femme que je les imaginais. J'étais vide de présent depuis mon entrée à l'hôpital, ça veut peut-être dire que j'étais plus ou moins mort à ce moment-là. C'était angoissant mais il fallait se rendre à l'évidence, ma mort n'allait pas changer grand-chose : ma femme vivait déjà sans moi et j'avais perdu ma place dans le trafic en arrivant à l'hôpital.

Nous voulions bien jouer le jeu, elle vivait pour deux, je vivais par elle, j'allais simplement lui rendre son unicité. Ce n'était pas ma faute. Je n'avais pas décidé ma mort, au contraire, moi je m'étais battu, et j'aurais bien fait un procès à tous les médecins qui m'avaient seriné de moral et de bonne humeur comme facteur déterminant de la guérison. Mais ils n'étaient pas plus fautifs que moi. C'était trop tard pour en vouloir à qui que ce fût, parce que je n'acceptais pas volontairement de quitter la vraie vie : c'était un fait, on ne me donnait pas le choix.

J'aurais aimé quitter l'état d'alerte pour retrouver un pouls raisonnable et finir mes jours en vitesse de croisière. Ça n'était pas à l'ordre du jour, voilà tout.

Mon souci, à ce moment-là, était de savoir que j'allais perdre ma femme pour toujours. Pas de week-end toutes les trois semaines, pas de grandes vacances, je n'étais pas l'enfant d'un divorce qui ne perdait son père que de temps en temps. C'était fini autant que faire se pouvait. Désormais, à chaque fois qu'elle fermait la porte de ma chambre, c'était peut-être pour la dernière fois. Elle me laissait seul avec l'incertitude de la revoir le lendemain ou plus jamais. Je pleurais parfois et me ressaisissais : depuis une semaine, je pleurais beaucoup trop pour le sexe qui était le mien.

« C'est un garçon, hein ? Je veux que tu me le dises, maintenant ».

La curiosité ne me rongeait pas plus qu'avant, je m'étais simplement dit qu'il ne fallait pas mourir sot. Ma femme s'assit sur le rebord du lit et sortit des photos de son sac.

- « Je les gardais pour le jour où tu voudrais les voir.
- Donne-les-moi.
- Ça me fait plaisir que tu veuilles le savoir. Ça me... »

Elle ne pu pas finir sa phrase. J'eus un sourire peut-être grimaçant et je tentai de lui caresser la cuisse avec ma demi force de presque mort. Ce bébé était la seule postérité à laquelle je pouvais prétendre. Les photos n'étaient pas esthétiques mais ça me faisait drôle de savoir que nous l'avions fait nous-mêmes.

- « Où est son zizi ? Je le vois pas.
- Il n'y en a pas.
- Mais pourquoi ? »

L'infirmière vînt chercher ma femme, c'était la fin des heures de visite. « Je te les laisse ». Je serrai les poings si fort que mes ongles marquèrent mes paumes comme les stigmates de ce pauvre Jésus. Ma femme sortit et l'infirmière referma la porte en essayant de ne pas faire de bruit. Pas de zigounette, pas de zizi.

C'était un tout petit bébé de fille. Mes yeux fixaient l'échographie et se remplirent d'eau. Pas de zizi.

« Le pedimos que se vuelve a… ». Ne parlant pas un mot d'espagnol, je ne savais pas ce que cette bonne femme me voulait mais ce devait être quelque chose de gentil. Je raccrochai immédiatement et recomposai le numéro.

- « Allo ?
- Ah bah enfin ! J'ai essayé de t'appeler tout à l'heure et ça marchait pas. Comment tu vas sœurette ?
- Bien, bien. C'est marrant je pensais justement à t'appeler.
- Ah bon ?

- Oui c'est marrant.
- Oui, bof. »

Il fallait la mettre au courant, je ne pouvais décemment pas mourir sans prévenir ma sœur. Le coup de téléphone se voulait anodin et je ne savais pas comment aborder le sujet sans passer du je vais bien au je vais mourir bientôt. Je ne voulais pas la mettre en état de choc, ni d'alerte, je voulais faire les choses bien. Mais tandis que je faisais des ronds de jambes pour ne pas annoncer mon départ de façon trop brutale, elle fondit en larmes.

- « Je veux rentrer en France… Je veux rentrer chez nous…
- Mais, pourquoi tu pleures ? Qu'est-ce qui se passe ?
- J'en ai marre, j'en ai marre… Ici c'est la misère. Les gamins ont pas de quoi s'habiller, le gouvernement ne fonctionne plus et les touristes sont toujours plus nombreux à venir claquer leur fric dans les grands hôtels. Je suis écœurée par ce pays.
- (Tu t'attendais à quoi ?) Alors prends un avion et rentre. Tu as l'argent pour le billet ? Tu as besoin de quelque chose ?
- Non c'est bon. Je…
- Tu viens chez nous quand tu veux de toute façon, tu le sais. »

Elle sanglota un petit moment.

- « Excuse-moi de pleurer comme ça. Bon parlons d'autre chose. Toi ça va ?
- …ça va.

- Bon. »

Comme elle me manquait, ma sœur, ma toute petite sœur, avec sa toute petite voix. Quand nous étions enfants, elle avait été ma mère, mon père, toute ma famille réunie et aujourd'hui elle était à des bornes et des bornes et je m'en voulais de l'avoir laissée partir là-bas, toute seule, sans avoir même cherché à la retenir. J'avais été un mauvais frère, pensai-je. Les regrets arrivaient un peu tard.

- « Excuse-moi d'avoir pleuré. Je pensais que je pouvais le faire, tu sais, toute seule. Ici les gens sont gentils, j'ai pas eu de problème. Mais ça devient difficile d'être toute seule. Je m'en veux de pas y arriver.
- Tu plaisantes, c'est déjà courageux d'avoir fait ce que tu as fait.
- …
- Partir toute seule, dans un pays qu'on ne connaît pas. Je n'en aurais pas été capable.
- Mais j'avais un objectif, je partais pas à l'aventure. »

Je laissai passer quelques secondes et comme elle ne disait plus rien j'ajoutai :

- « Mais au fait tu, je veux dire, tu l'as trouvé ?
- Oui. »

Mon cœur se mit à valdinguer dans ma poitrine. Elle avait retrouvé le Norvégien. Elle était partie à sa recherche et elle l'avait trouvé ; c'était bien ma sœur. Je savais au fond de moi qu'elle réussirait à le sortir de son trou à rats.

- « Alors ? Qu'est-ce qu'il fait ? Comment il va ? Il habite où ?
- Je ne sais pas. En fait, je lui ai pas parlé. »

Elle n'ajouta rien.

- « Pourquoi ?
- Il est marié, tu vois, avec une Cubaine. Ils sont primeurs à Santa Clara.
- Mais…
- Sa femme est très belle. Oui, très belle. »

Je pouvais sentir le cynisme dans la voix de ma sœur. Il avait fière allure, l'ami d'enfance, il était courageux, avec de grands idéaux, tout bien comme il fallait. Moins de quinze ans après ses superbes discours sur la morale humaine et les valeurs fondamentales, sur la justice et la fraternité, je le retrouvai à vendre des légumes dans un trou perdu d'Amérique latine.

« On peut pas lui en vouloir, c'est normal. Après toutes ces années, est-ce que je pouvais vraiment attendre quelque chose ? Je veux dire, les gens changent. Il s'est marié, c'est très bien. Je vais pouvoir passer à autre chose. »

Je retins mes mots pour ne pas blesser ma sœur mais je serrai les points aussi fort que je pouvais – ce qui n'était pas grand-chose – et ressentis une envie de crier si puissante qu'en raccrochant, je ne pus la contenir.

J'aurais préféré le savoir mort, ou pauvre, ou en très mauvaise santé. La vie n'avait donc aucun romantisme, pas d'étoile dans les yeux, pas de musique lancinante ; tout était propret et nul, sans saveur, un homme part et devient primeur, une fille le cherche et tombe le bec dans l'eau. Rien de chevaleresque, pas de légende à en tirer, juste la vie banale et moche au naturel. Mon père était un menteur mais au moins sa vie valait la peine d'être racontée ; c'était quand même plus intéressant d'être un espion enlevé par l'ex-URSS qu'un primeur désabusé perdu à Santa Clara.

Le jour où je sus que je n'allais vraiment pas bien, à une erreur relative suffisamment faible pour en être convaincu, je bouclai ma valise et m'assis sur le rebord de mon lit. La maladie allait me dézinguer bientôt, dans quelques jours, je l'avais compris. Mon corps me l'avait murmuré entre deux visites de l'infirmière qui n'était pas devenue plus belle avec les évènements. Et je n'étais pas bien sûr, mais je pensais ne pas vouloir finir mes jours à l'hôpital. Je me disais que ça serait mieux chez moi.

Je ne dis pas à ma femme ce que j'avais ressenti. Je lui avais déjà fait mes adieux souvent dans ma tête et la fois dernière avait été suffisamment satisfaisante pour que je n'eusse pas à réitérer. Elle devait bien voir que je ne ressemblais plus à rien et que seuls les maquilleurs des pompes funèbres pourraient me rendre l'apparence de mon âge. Je lui dis simplement que je voulais rentrer chez nous. Elle accepta ; pourquoi aurait-elle refusé ?

Le sergent Daylong s'assit sur la jetée, près des docks de Miami Beach (Fl.). Il venait de prendre sa retraite. Loin, derrière l'horizon, il y avait l'inconnu. Peut-être maintenant pourrait-il s'y pencher ? Il avait toujours voulu voyager, aller en Europe, en Afrique. On disait que la cuisine espagnole était savoureuse et que les Français étaient paresseux et sales. Il était temps d'aller vérifier tout ça. Le vieux baroudeur des quartiers chauds rendait son insigne et son flingue pour une retraite au soleil.

La journée avait été longue et Robbie pensait à ce qu'il avait vécu quand il était encore sergent dans les forces spéciales de la police ordinaire de Miami (Fl.). Ça n'avait pas toujours été évident mais il s'était bien battu. Le froid, le danger, la douleur, il avait tout surmonté avec bravoure jusqu'au fameux drame. La bavure. Il avait tiré les mauvais numéros du loto et tout s'était enchaîné. La mort de sa femme, son chien qui devient fou, son coéquipier qui l'abandonne. Après ça, il n'avait jamais plus été comme avant. Heureusement que le soleil se couche toujours du bon côté sur les États-Unis d'Amérique. Il pouvait à présent mâcher du chewing-gum.

J'étais légèrement plus zen depuis que j'étais rentré chez moi. J'avais pris le sourire de Joconde qu'avait loué ma femme avant l'opération. J'avais peut-être encore peur, un tout petit peu, mais j'étais tranquille. Les souvenirs déferlaient, la douleur allait bientôt cesser et la seule ombre à cette fin de vie était la tristesse de ma femme, qui restait collée à son visage comme une crotte au nez d'un enfant. Je lisais en elle comme dans un livre ouvert et, comme avant l'opération, elle me tournait les pages en arborant un visage démuni, des yeux mouillés, un teint de linceul et des mains qui n'en finissaient pas de trembler.

J'allais la laisser et j'allais laisser mon tout petit bébé de fille. Tous les espoirs qui me restaient s'étaient mis dans cette progéniture. Elle serait ma belle, elle prendrait ma revanche sur cette conne de vie et j'étais sûr qu'elle ne lâcherait rien. La descendance était assurée, je pouvais partir presque tranquille. J'avais un peu peur, peut-être, mais j'étais presque tranquille.

Tous les jours, à 13h, je m'asseyais sur mon canapé et je regardais le journal télévisé en buvant un café – sans caféine pour ne pas m'exciter. Un jour, je m'assis en soupirant et je n'eus pas le courage de me faire de café. J'étais trop fatigué et je n'avais qu'une envie : dormir. Je m'assoupis au salon, et ne me réveillai pas. La journaliste annonça les gros titres dont la décision de Fidel Castro de quitter le pouvoir. Son successeur allait sans doute être son propre frère Raul, mais Cuba pleurait déjà le départ de son líder Máximo et etc., et etc. Je n'avais pas entendu le reportage mais si je l'avais entendu, je n'en aurais rien eu à faire. Ma sœur était dans un avion en direction de son sweet home et Cuba pouvait brûler vive avec tous ses habitants, ça m'était égal.

J'avais tenu presque trois semaines après l'annonce du médecin. Lorsque ma femme rentra, le soir, elle pleura beaucoup. Ma sœur était arrivée dans l'après-midi et nous devions tous dîner chez mon père. Notre soirée tombait à l'eau par ma faute, mais j'avais fait de mon mieux et il ne fallait pas m'en vouloir.

Ma famille au grand complet vînt me voir brûler et jeta mes cendres au Jardin du Souvenir, parmi toutes les autres cendres des autres morts du département. Ma femme accoucha à la fin du mois suivant, deux semaines avant le terme prévu. Ma fille était en pleine forme, un peu maigre mais sans poil. J'espère que son grand-père lui raconte des histoires rocambolesques à mon sujet. Parce qu'à la fin, c'est la seule chose qui reste ; après les repas de famille et les examens de fin d'année, le premier salaire et le détartrage des dents, le pull qui a rétréci et le livre qu'on a usé à force d'en tourner les pages. La vie reprend tout.

Elle ne laisse que les souvenirs et elle ne vous dit pas si ce sont bien les vôtres. Alors autant se les choisir.

J'espère que ma fille m'imaginera en cow-boy, ou en sorcier maléfique, qu'elle crayonnera sur ma photo des accessoires pour me rendre chevaleresque : un monocle, un pain-surprise et un sac à dos brodé Chlorophylle 44 dans lequel il y aurait de la soubressade, des rêves bizarres, un plan de Bouguenais et une ribambelle de rotules. C'est tout pour moi. Que celui qui croit que j'ai tort lève le doigt.

Écritures

Collection fondée par Maguy Albet
Directeur : Daniel Cohen

Dernières parutions

Pascal ABEL, *Thérapie de groupe pour un seul homme*, 2010.
Benjamin BOEUF, *Remords*, 2010.
Jean Claude DELAYRE, *L'Anglaise du Dropt*, 2010.
Evelyne VIJAYA, *L'été hivernal*, 2010.
José OGAB, *La Chaconne*, 2010.
José LOCUS, *Rumeurs d'outre-mer*, 2010.
Denis M., *L'homme qui n'aimait pas les fleurs*, 2010.
Yanna DIMANE, *L'exil… et après ?*, 2010.
Guy VUILLOD, *Chère petite montagne*, 2010.
Alexandre BOURET, *Sweet enemies*, 2010.
Eric HUMBERTCLAUDE, *Récréations de Hultazob*, 2010.
Paul VAN ACKERE, *Courts métrages*, 2010.
Janick TAMACHIA, *Au fond du chaudron*, 2010.
Gilbert BOILLOT, *D'une rive à l'autre*, 2010.
Jean-Jacques RODE, *Jardin d'Essonne*, 2010.
Thomas GAUTRON, *Zaïde*, 2010.
Eneko D. HIRIART, *Tour Puccini*, 2010.
A. A. L BINDI, *Sylvie, ou comment S. écrire*, 2010.
Yves DANBAKLI, *Les amants du Levant*, 2010.
Jean-Paul GESSA, *Avant Babel*, 2010.
Dominique BUGAT, *Le ciel des oubliés*, 2010.
Pierre DUGARD, *Abîmée*, 2010.
Michèle FAUDRIN FILLOL, *Darcy et Elisabeth*, 2010.
Jean-Marc KERVICHE, *Décalage*, 2010.
Vincent RASSE, *Traversia*, 2010.
Isabelle GRAITSON, *L'oubli en héritage*, 2010.

L'Harmattan, Italia
Via Degli Artisti 15 ; 10124 Torino

L'Harmattan Hongrie
Könyvesbolt ; Kossuth L. u. 14-16
1053 Budapest

L'Harmattan Burkina Faso
Rue 15.167 Route du Pô Patte d'oie
12 BP 226
Ouagadougou 12
(00226) 76 59 79 86

Espace L'Harmattan Kinshasa
Faculté des Sciences Sociales,
Politiques et Administratives
BP243, KIN XI ; Université de Kinshasa

L'Harmattan Guinée
Almamya Rue KA 028
En face du restaurant le cèdre
OKB agency BP 3470 Conakry
(00224) 60 20 85 08
harmattanguinee@yahoo.fr

L'Harmattan Côte d'Ivoire
M. Etien N'dah Ahmon
Résidence Karl / cité des arts
Abidjan-Cocody 03 BP 1588 Abidjan 03
(00225) 05 77 87 31

L'Harmattan Mauritanie
Espace El Kettab du livre francophone
N° 472 avenue Palais des Congrès
BP 316 Nouakchott
(00222) 63 25 980

L'Harmattan Cameroun
BP 11486
(00237) 458 67 00
(00237) 976 61 66
harmattancam@yahoo.fr

23136 - mai 2011
Achevé d'imprimer par